婆媳共建美好家风
POXI GONGJIAN MEIHAO JIAFENG

陈　盛◎主编

甘肃科学技术出版社

图书在版编目（CIP）数据

婆媳共建美好家风 / 陈盛主编． -- 兰州：甘肃科
学技术出版社，2020.12
ISBN 978-7-5424-2804-2

Ⅰ．①婆… Ⅱ．①陈… Ⅲ．①家庭关系—通俗读物
Ⅳ．①C913.11-49

中国版本图书馆 CIP 数据核字（2020）第 272897 号

婆媳共建美好家风

陈 盛 主 编

责任编辑　刘　钊
封面设计　九章文化
版式设计　九章文化
封面供图　图虫公司

出　版　甘肃科学技术出版社
社　址　兰州市读者大道 568 号　730030
网　址　www.gskejipress.com
电　话　0931-8125103（编辑部）　0931-8773237（发行部）
京东官方旗舰店　http://mall.jd.com/index-655807.html

发　行　甘肃科学技术出版社　　印　刷　北京毅峰迅捷印刷有限公司
开　本　880mm×1230 mm　1/32　印　张　9　字　数　195 千
版　次　2021 年 6 月第 1 版
印　次　2021 年 6 月第 1 次印刷
印　数　1~10000
书　号　ISBN 978-7-5424-2804-2　　定　价　23.90 元

目录
Contents

第三章　婆媳互信互爱，家风和煦

第四章　找准婆媳冲突缘由，家庭和美不用愁

婆媳共建美好家风

第一章
婆媳和睦是优良家风的根基

宽容大度，融化"戒备之冰"

由于近年农村主要劳动力纷纷外出打工，剩下婆媳和小孩在家。婆媳常常在赡养费、带小孩、送孩子上学、干家务、烧饭等方面发生分歧，稍有不顺，双方便言语不合，矛盾升级。

兰香从结婚开始就一直和婆婆住在一起，如今她已经40多岁了，婆媳关系还是一直处得不好，两个人经常为一些鸡毛蒜皮的事而发生争执。

有一天，兰香从屋外抱来了一把草准备烧火做饭，她进屋后随手便将草扔在了锅灶旁边，由于是扔的，所以屋里便起了一些灰尘，而这一幕刚好被从外面回来的婆婆看见了，于是两人便开始争吵，后来居然动手打了起来。最后，兰香将婆婆摁在了地上，一直用手掐着婆婆的脖子，直到婆婆停止呼吸。

由于媳妇不是从小和自己生活在一起的，儿子结婚后媳妇就突然闯入了婆婆的生活，家庭结构发生了深刻变化，婆媳之间习惯用挑剔的眼光看对方，总感觉对方有意无意地针对自己，互相处处提防，时刻小心对方。有时候，婆媳之间无意的举动在有意的心理下会导致矛盾发生，尤其在日常家务事中，矛盾可能随时发生。其实婆媳双方在处理家庭事务时，应着眼大处，小事小节可忽略不计，这就需要双方有宽容、大度之心，将主要精力用于如何奔小康上面，这样才容易达成共识，彼此关系才易相处。

在现实生活中，居家过日子，难免会发生磕磕碰碰的事情，人的牙齿还有咬着舌头的时候，更何况是没有血缘关系的婆媳！两代人之间由于年龄差距、受教育程度不同，发生矛盾和误会并不奇怪。但婆媳矛盾的根源是缺少沟通。作为婆婆，在发现自己某些方面做得不妥后，应该敢于在媳妇面前放下架子，承认自己的错误，推心置腹与媳妇沟通，求得谅解。作为媳妇，如果婆婆不是主观上有意出错，就不必太介意。对婆婆平时的生活要多加关心，尊重和理解婆婆。婆媳相处，要有一颗包容的心，宽容和大度会让对方感动，和和气气，互相理解，才能体会到大家庭的幸福。

婆媳相处有妙招

1. 面对婆婆，摆正自己的心态

婆媳关系开始就像初认识的朋友一样，有着牵连却又互相提防，当你通过慢慢的适应，相互尊敬，互相关心，当让她看到你的真诚时，所有的防备都会放下，只是这个过程需要我们去用心经营。婆媳关系不好只是互相没有交心而已，只要交心了，相信一切都不会是问题，也相信每个婆婆都愿意多个女儿，而不愿意多个敌人。

其实婆媳之间并非不能友好相处，关键是要摆正自己的心态，即使遇上个不讲理的婆婆或媳妇，也不应该激化矛盾，而要想良策。如果一天到晚觉得自己是在受委屈，总是想着自己吃了大亏，就永远解决不了问题。如果总想着自己，顾影自怜，孤芳自赏，结果就是你走不进另一人心里，另一人也走不进你的世界。只要尝试一下忘掉自己，一切都会改变。人常说"人敬我一尺，我敬人一丈"，如果你对她始终像对待自己最亲的人一样，恐怕铁石心肠也会融化。

2. 懂得让步

婆媳之间就像是坐跷跷板一样，不可能是永远固定的，总会一会儿这端高，一会儿那端高，假如你总是想占据在高高在上的那一端，那么对方绝对不会陪你处下去的。要知道，没有人愿意跟一个只会占便宜、不愿意让步的人相处。因为自私的人就像是坐在一个静止的跷跷板顶端，虽说维持了高高在上的优势位置，但是，人生却丧失了互动互助的乐趣。

婆媳和美，夫妻关系更亲密

很多人都说，婆媳关系是婚姻幸福以及家庭和睦的诸多因素中最大的杀手锏，更加戏剧性的是有人还称婆媳关系是影响婚姻质量最严重的"恶性肿瘤"，是导致家庭内战的最大因素之一。由此可以看出，婆媳关系有着非同一般的伤害性。但是，话说回来，如果婆媳可以和睦相处，那么就可以增进夫妻之间的感情，儿孙满堂，也是其乐融融的。可如果婆媳关系不好，不单单夫妻感情会蒙上一层阴影，也会导致家庭长期处于一种"冷战"的状态。

张某今年 41 岁，二十几岁时他和同学李某经过四年的自由恋爱结婚了。可是因为张某家贫，父母无力帮他们盖新房，所以刚结婚的那段时间，夫妻俩只能与父母居住在一起。由于李某和婆婆的个性都很强，凡事两个人总是各执己见，针尖对麦芒，谁也不肯让谁，所以婆媳关系非常紧张，两人屡屡发生冲突，闹得家中不得安宁。

李某生下第一个孩子之后，夫妻终于用多年辛苦的血汗钱盖起了自己的房子，搬离了父母家，李某觉得这下婆媳间的战争可以得到些许平息了。不料张某因为这几年体力过度透支，再加上夹在老婆和母亲之间受夹板气，所以住进新房不久就病倒了。嗷嗷待哺的孩子，加上躺在床上的患病丈夫，让李某整天忙得不可开交，而偏偏心疼儿子和孙子的婆婆又天天登门来看望自己的骨肉。出于对儿子和孙子的疼爱，婆婆在帮助干一些家务活的同时，不停地指责李某，这使得李某更加感到委屈了，所以这对婆媳虽然不住在一起了，但是吵闹却一如既往，有时甚至大打出手。

婆媳间的矛盾严重影响了张某和李某间的夫妻之情，夹在母亲和妻子之间的张某痛苦不堪，终于承受不住内心的压力，在身体康复之后不久就向法院提起离婚诉讼，以求解脱。他在离婚诉状上说，因妻子个性太强，不能体谅尊重老人，经常对老人动粗，多次使老人受到伤害，这严重伤害了夫妻感情和他与母亲之间的亲情。他认为，如果再和妻子共同生活下去，后果不堪设想，于是请求法院判决解除他和妻子的婚姻关系。

而妻子李某则对丈夫提起离婚诉讼十分伤心，她在庭审中辩称，十多年来夫妻关系一直不错，特别是有了孩子后夫妻关系更稳定了。丈夫曾经重病在身好几年，她都是任劳任怨，尽力照顾丈夫，维持家庭稳定。现在丈夫提出离婚是迫于其家庭压力，而他们的夫妻感情其实并没有破裂，丈夫对她仍有感情，加之从孩子成长的角度考虑，坚决不同意离婚。

法庭上，原告与被告都显得很无奈。面对妻子的辩称，丈夫陈述夫妻矛盾很多，自己的心理压力很大，继续维持婚姻关系苦不堪言，坚决要求离婚。一个坚决不同意离，一个坚决要离，法庭调解失败。

最后法院审理认为，原告与被告婚后十多年来，虽然因为被告与原告家人相处中存在较多矛盾，使得原告与被告之间关系不够融洽，夫妻关系不够稳定，但是夫妻之间总体上无根本性的利害冲突，目前的矛盾主要集中在被告与原告家人之间，夫妻不和也与此有关。被告作为晚辈应该讲究社会伦理道德，多尊重原告母亲及家人，积极检讨以往的不妥之处。作为原告亦应积极调处妻子与母亲的矛盾，同时夫妻间也应加强沟通交流。如果双方都做出真诚的努力，目前的夫妻状况是可以改变的。法院最终认定原告与被告间的感情并未破裂，故判决不准离婚。

如果案例中的双方能及时认识到各自的问题，婆媳互爱互敬，夫妻齐心协力，这还会是一个美满的家庭。可是事情并没有像法官希望的那样，夫妻两人从这桩离婚官司中好好吸取教训，各自检讨自己的不是，做妻子的向婆婆赔礼道歉，以改善婆媳关系；做丈夫的则在母亲和妻子之间当好"润滑剂"，从此一家人和和气气，如果婆婆、媳妇、儿子还是各自心怀怨气，继续在吵闹中过日子，那么，夫妻关系、婆媳关系丝毫不会得到改善。终于，当张某第三次递上离婚诉讼之后，他和李某的婚姻破裂了。婆媳不和最终导致的是夫妻感情的破裂，孩子从小要经受家庭的重大挫折，有可能在心理上留下不可磨灭的创伤，而婚姻双方的身心也将备受摧残。

婆媳相处有妙招

1. 多宽容，多为婆婆着想

其实妻子和婆婆的关系完全不必冰炭不容，不管是婆婆还是媳妇，在相处的过程中，最要紧的就是宽容，多为对方想想，一遇到什么矛盾，千万别想着自己有多委屈。如果是这样，只会越想越憋屈，越想越觉得别人对不起自己，这种想法一则让自己步入误区，二则不利于矛盾的缓解。毕竟两个人都深爱着同一个男人，有什么矛盾不可以化解呢？难道非要用所谓的爱把这个男人逼到死胡同不可吗？

2. 和婆婆发生矛盾时，要独立自主

对于妻子而言，在和婆婆产生矛盾的时候，千万不能将丈夫也拉到这场"战争"里，因为丈夫夹在媳妇和妈妈中间是非常难受的。当用心沟通的时候，可以让丈夫参与进来；但是在必须坚持的时候，就一定要保护他们之间的母子关系，让你的丈夫保持一种和谐的立场。切不可在紧要关头，演起了小妻子的角色。要勇敢地对丈夫说："这是自己和妈妈之间的问题，不需要他插手进来，自己要做的就

是好好对待妈妈，不需要照顾自己的立场。"也就是说，在面对与婆婆之间的矛盾时，妻子不可以一直躲在丈夫的后面，一定要勇敢地站出来独自面对问题，并且要理智地解决问题，这样才是处理婆媳矛盾正确的方法。

婆媳不和，后果严重

婆媳关系相处得好坏，直接影响着一个家庭的稳定和夫妻的感情。对于丈夫来说，婆婆和媳妇都是最重要的，都是缺一不可的。但同时你又不能用"鱼和熊掌"来让丈夫进行选择。然而婆婆和媳妇因角度不同，她们都希望儿子或者丈夫向着自己，否则，就会导致双方的关系恶化。婆媳关系一旦处理不好，家里就会永无宁日，严重的还会导致家庭四分五裂。从古至今，婆媳之间不断上演着悲欢离合的故事，值得人们深思。

孙某在六年前嫁给了邻乡的林某，嫁过去以后便一直和70多岁的婆婆生活在一起，两人经常因为一些鸡毛蒜皮的事情争吵。一天清晨，孙某因为婆婆头天晚上出去乘凉回来得太晚，影响到了丈夫睡觉而感到不满，因此就一直埋怨婆婆，不料却引起了林某的不满，两人大清早便吵了一架。等到丈夫送儿子去上学以后，孙某又开始和婆婆为这件事情争吵，两人互不相让，孙某怒火一下就冲上了头，将婆婆推倒在地，同时顺手拿起一根棍子往婆婆头上砸了下去，把婆婆的头砸出了几个血窟窿。

邻居们听到呼救声后，连忙将老人送到医院抢救，才使得老人得以脱险。经法医鉴定，老人已构成重伤。事发后，孙某后悔莫及，但为时已晚，其行为已造成重伤后果，经检察院提起公诉后，她被法院以故意伤害罪判处有期徒刑 5 年。一个好端端的家庭就此……

其实，婆媳关系并非洪水猛兽，只是一种两代人的亲情关系，完全可以凭借人为的努力而改善。原本素不相识的婆媳二人能走到一起，也是缘分，两个人在相处的过程中，如果都能够多一分宽容，多一分谅解，就不会有悲剧的发生。

婆媳相处有妙招

1. 婆媳之间相互谅解

家庭成员之间的关系就像架设桥梁的铁链，是环环相扣的，中间不论哪个环节都不能断开，这样才能创造出一个良好的生活环境。生活在其中的人也都可以友善地相处。不管发生了什么都没有对错，也都没必要追究个对错，一切不和谐的因素都是人的心理在发生作用，但是这些都是可以通过智慧来化解的。一个家庭的和睦，是整个家庭成员共同的事，因此，大家都应当相互包容，相互理解。尤其是婆媳之间，更应该相互尊重、相互谅解、相互帮助，共同维护好整个家庭环境。

2. 婆媳发生冲突，各自都退一步

自古以来，婆媳关系就相当复杂，最容易出现问题，但是家和才能万事兴。如果婆婆与媳妇整天吵吵闹闹，没完没了，那么家庭自然不会和睦，日子过得自然不顺畅。所以，为了塑造一个温暖而和谐的家庭氛围，当婆婆与媳妇之间出现矛盾时，不管是婆婆，还是媳妇，都应该退让一下，平息怒气，静下心来好好谈谈如何解决问题。

婆媳争斗，影响后代

婆媳之间的关系始终就像是一本难念的经，尤其是作为第三代的孩子出生以后，婆媳之间的关系就会显得更加紧张。因为孩子的衣食住行，婆媳之间也能经常硝烟不断，经常会因为宝宝由谁带，或者跟谁亲而争执不停，一点点的小问题都能够引发一场"战争"。在现实生活中，婆媳关系的好坏在很大程度上影响着后代的身心健康。如果婆媳关系没有处理好，那么很容易使孩子的内心埋下心理阴影。尽管孩子可能没有准确判断长辈对错的能力，但是却会在主观上对长辈形成恶劣的印象，甚至对妈妈或者奶奶产生忌恨之情。

秦某在三年前嫁入了婆婆家，当时和婆婆相处得简直像亲母女一样，一家人也是其乐融融的。但是，伴随着儿子的出生，一切的宁静都被打破了，儿子一下成了婆媳之间关系恶化的导火索。为照顾孩子，母亲也搬到了儿子家，这样一来，各种三代同堂的隐患便随之而来。婆婆觉得照顾小孩自己有亲身经历，经验也丰富，但是儿媳却很难接受那些不符合现代科学的喂养法，因此经常不按婆婆的方法来，这样就引起了婆婆对孙子健康成长的担忧。

婆婆亲手为刚出生的小孙子做了一件背带，她将这背带交给媳妇。兴奋地对媳妇说这种背带多好用，可以一边背孩子，一边干家务，甚至可以背着孩子下地劳动。然而在媳妇的眼里却很不以为然，因为媳妇看报纸得知长时间用背带背孩子，孩子易长成 O 型腿，而且还会压迫到脊椎，影响发育。

当孩子要睡觉时，媳妇把孩子单独放在一间屋子里，想训练他独自睡觉的习惯，使他养成独立的精神。但孩子一哭，婆婆便赶紧把孩子抱去跟自己睡，还一边咒骂媳妇残忍，认为这么小的孩子最需要安全感，否则，孩子长大后心理会不正常。

等孩子慢慢长大了，婆媳间的矛盾不但没有改善，反而越发变本加厉起来。因为媳妇自身独立意识很强，崇尚个性化，强调对下一代应该加强独立锻炼和教育，而婆婆却对此难以接受，从而导致了婆媳两人对孙辈"教育权"的争夺战，这是一场不见硝烟却又火药味十足的"战争"。

比如有一次，奶奶在精心地为孙子剥鸡蛋壳，儿媳认为孩子也该学着自己剥了，总是这般娇惯，非被宠坏不可。于是说："妈，您就别剥了，他要吃就让他自己剥。"婆婆头也不抬，一边剥一边回应道："孩子小，他哪儿会剥。"儿媳联想到奶奶平日对孩子总是包办代替，孩子什么也不肯学，心中更加不悦，就连声说："您别剥了，让他自己来。"多次请求无效，儿媳终于按捺不住，讲出了连她自己都觉得离谱的话："别剥了，您手指甲里的灰土都沾到了蛋清上了。"婆婆的手顿时停在半空中，家里的气氛顷刻之间凝结了。奶奶疼爱孙子的心被儿媳的这番话深深地刺伤了。

类似这样的情况在很多家庭都出现过，婆媳间的争吵常常让夹在中间还不谙世事的孩子觉得莫名其妙，又感到百般惊恐和无所适从。久而久之，孩子就变得非常内向，从不主动开口说话，非常害怕和外人交往，总是瞪着一双稚嫩的大眼睛怯怯地看着他人，让人非常心疼。

其实，既然都是为了孩子好，婆媳两人就不应该过于坚持己见，或者宁可在小孩背后交换育儿意见，也不能当着孩子的面发生争执。因为奶奶和妈妈之间的不快，对孩子心灵产生的伤害，其严重性不亚于父母之间的争吵，因此，为了让第三代能够健康成长，婆媳之间必须找到和平共处的技巧，创造一个和谐美好的家庭环境。

婆媳相处有妙招

1. 多和婆婆进行沟通

在教育孩子的过程中，媳妇和婆婆产生意见分歧是很正常的也是不可避免的，因为两代人的思想意识不同。在发生分歧的时候，媳妇想想老人也是为了孩子好，情绪就会平静很多。而此刻最需要的是婆媳之间相互理解，而不是争执。此外，有效的沟通还会帮助你减少很多麻烦，这种沟通不应该等到问题发生了以后，而是要平时多沟通一下，会有更好的效果。平时多向对方交流自己的想法，用对方能接受的方法，让对方知道自己也是为孩子着想，大家的目的是一致的，唯一不同的是方法有差异。婆媳多在一起讨论培养孩子的问题，作为儿媳，可能知道的现代科学喂养知识多，而婆婆的传统喂养知识更丰富，二者并不完全矛盾，可以取长补短，找到最适合下一代的喂养技巧。

2.不要在孩子面前与婆婆争斗

在现实生活中，有些婆婆与媳妇就好像宿敌一样，怎么都相处不好，动不动就争斗了起来。有的时候，孩子还在场，婆媳就不管不顾地吵起来了。殊不知，这将对孩子的身心健康造成极为不利的影响。家长是孩子的第一任老师，如果孩子生活在婆媳经常争斗的环境中，那么很有可能会留下心理阴影。因此，婆婆与媳妇尽可能不要进行斗争，如果非要争论什么，那也一定要避开孩子，不要让孩子看到婆媳争斗的不和谐场面。

婆媳反目，双赢变双亏

在社会上，人们之间都是互相联系的，婆媳作为一种人际关系，也与其他的人际关系紧密联系。婆媳之间关系融洽，直接维系着家庭的安定和兴旺，但如果婆媳之间相互争执，甚至反目，不单单家庭会遭殃，甚至还会对邻居和社会造成巨大的破坏。

常年在外打工的张某，一天接到远在家乡的母亲打来电话，母亲在电话里哭着告诉他，说他的妻子刘某总是跟她吵架，有时还会动手打她。张某只好请假回老家，同时给婆婆、媳妇做思想工作，看到婆媳二人和好以后，他才放心地回到原来的单位继续工作。但是没过几天，母亲便又打来电话让他回家，说和媳妇又打起来了。

无奈，张某只得又买了车票回家。这次，他是下决心回家和爱人离婚的。但当他与爱人刘某一起来到当地民政局办理离婚手续时，民政部门却告诉他，离婚不是一天能办好的，中间得有一个调解的过程。

回到家后，母亲和爱人又吵在了一块。张某对她们说："不要吵了，你们再吵我就走了。"但"战火"仍没停息。这时，张某开始愤怒地打砸起家具来，可是两个女人谁都没有过来劝阻他。张某将砸烂的家具码放到一块，将房门反锁，再将菜油倒在客厅的地板上，然后打着了手中的打火机，点燃了那堆家具，火势很快在整个屋子蔓延开来。突然，张某将房门打开，将其6岁的儿子抱到了屋门外，然后立刻独自返身回到家里，再次将房门反锁。这次火灾不但导致了张某的母亲和妻子两个人的身亡，而且火势向周围蔓延，导致了左右邻居家都被烧毁了大量财物。

等迅速赶到现场的民警破门而入后，除了发现张某的母亲和妻子的尸体以外，还在厨房找到了已处于昏迷状态的张某。在民警准备将其送往医院抢救的时候，他苏醒了过来，挣扎着要逃离现场。经现场群众指证，他就是纵火者后，民警很快将已失去理智的张某控制住。

经连夜审讯，张某交代了自己纵火的全部犯罪事实。他说他之所以这么做，完全是因为无法忍受家中婆媳之间无休止的争吵。

人生在世，不如意事常八九。每个人都难免与别人产生摩擦、误会，甚至仇恨，但千万不要被愤怒蒙蔽了理智，别忘了用宽容和忍耐来稀释自己的怒火，那样就会少一分阻碍，多一分成功的机遇。否则，家庭将会永远被挡在通往和睦的道路上，直至分崩离析。

婆媳相处有妙招

1. 重视婆媳反目的危害

对于媳妇来说，婆婆虽然不是自己的亲妈，却是丈夫的亲妈，是自己应该尊敬与关爱的亲人。如果婆婆与媳妇相处不好，甚至反目成仇，那么不仅会影响夫妻关系，影响家庭和睦，而且还会惹来外人的笑话。因此，婆婆与媳妇之间应当和睦相处，不可任意妄为。

2. 婆媳双方要共同努力

其实，每个人的心中都会有一座火山，幼稚的人心里随时随地都是蠢蠢欲动的活火山。火山一旦爆发，就要经历数十年才能渐渐消除灾难之后的痕迹。当你因为愤怒而失控的时候，也就像火山爆发一样，狰狞的面目就会成为他人难忘的印象，而不理智的言辞就再也没有办法收回。

相反，成熟的人心里则是一座沉睡的火山，他们知道另有途径可以释放过多的热量而不让心中的火山爆发。婆媳关系其实就是这样一座火山，是让它变成活火山还是沉睡的火山，就在于婆媳双方的态度。如果婆媳双方可以共同努力，在时间、精力、精神和心灵上都很努力地投入，那么就可以创造出一个富裕、幸福的家庭，而不是让家人都坐在火山口上。

娘家婆家都是家

婆媳关系自古以来就是一个棘手的问题。两个本来非亲非故的女人突然之间走在一起，再生活在同一个屋檐下，矛盾总是难免的，如果这时媳妇的娘家再掺和进来，那就更"热闹"了。

陆某与儿媳妇从儿媳妇进门的那天起就结怨了。事情还得从娶亲那天说起。本来两家说好压箱底的钱是1000元，没想到结婚当天打开箱子一看，箱子里居然压了2000元。当时陆某一下懵了，谁都知道压2000元就要还4000元啊（当地风俗），这可怎么办？弄得她当时就下不了台。她是个直肠子，当时就来气了，气冲冲地对媳妇娘家人说："你们这是明摆着抢钱嘛，明明说好了1000元，怎么弄出个2000元，你叫我一时从哪儿弄这么多钱去？"媳妇娘家人说反正这钱都压了，你不给不行，这钱你们要是不给，我们就把姑娘接回去。

陆某的儿子那叫一个着急呀，说了半天好话都不行。后来还是陆某的弟弟回家取了钱才打了圆场，赶到吉时前把新娘娶进了门，事情才不至于闹到太大。尽管这钱一分不少地给了，但陆某和新媳妇的怨还是结下了。

其实，婆媳关系紧张，既有婆婆方面的原因，也有媳妇方面的因素。有许多社会心理学家认为，目前一些家庭婆媳关系不和谐，主要是由媳妇造成的，这话有一定的道理。因为多数媳妇在家庭中愿意当主角而不愿意当配角，愿意支配他人而不愿意受人支配，愿意包揽财权而不愿意受别人控制，再加上娘家妈往往怕女儿吃亏受罪，一再地充当军师，为女儿出谋划策，教育女儿一过门就要抖出威风来，树立起自己在婆家的权威，结果反而将婆媳关系搞得非常紧张，使得整个家庭不得安宁。

婆媳相处有妙招

1. 媳妇太"硬"不一定能立住脚

作为新婚的女孩子来说，不要片面相信娘家母亲所谓的"人靠硬立脚"的糊涂观念。其实，事实并不像娘家妈妈认为的那样："在家里只要人硬气，便不会吃亏，只要厉害就能得到自己需要的东西。"人在社会上必须讲公德，在家里亦须讲道德，一个人只逞个人之勇和强词夺理，不论是在社会还是在家中，都是立不住脚的。在家里，每个人都应该尊老爱幼，对长辈要硬气，说明无尊老之德；和同辈幼辈争高低，说明胸襟太窄。

2. 发生争执时不要偏帮娘家

因为某件事情或者某项利益，你的娘家与婆家发生了争执而对立起来，这个时候，聪明的媳妇都知道，偏帮娘家就等于抛弃婆家，会让公婆，甚至丈夫心寒。所以，聪明的媳妇都会选择沉默，并且尽可能地避嫌。如果到了你必须发言的时候，你也一定要注意站在"理"的那边。

接纳婆婆有心有行动

当踏入婚姻的殿堂，组建一个新家庭后，媳妇不仅要接纳丈夫成为自己的家人，而且还要接纳丈夫的母亲，也就是自己的婆婆。这是每个媳妇理所应当的事情，不存在任何疑问。但是，有的媳妇因为担心与婆婆相处不好，在接纳婆婆的问题上犹豫不决，没有真心接纳婆婆。殊不知，这不仅影响婆媳之间的关系，而且还会对夫妻关系造成不良影响。

杨某的婆婆年轻的时候，因为家境贫穷，草率地跟一个男人结了婚。没想到那个男人有暴力倾向，经常将婆婆打得浑身青紫，忍受不了的婆婆在婚姻维持了三年后，提出了离婚，带着儿子王某离开了那个男人。后来，杨某的婆婆觉得孩子不能没有爸爸，就跟另一个男人结婚了。结婚以后才发现，这个丈夫好赌，于是，顶着巨大的舆论压力，婆婆第二次离了婚。

两次不幸的婚姻让杨某的婆婆彻底伤了心，她决定不再结婚，自己带着儿子生活。儿子长大后，婆婆对儿子的终身大事盯得很紧。儿子先后谈了几个女朋友，婆婆都觉得不太合适。直到最后敲定了儿媳杨某，杨某看上去乖巧、贤惠，她非常满意。

然而，杨某却并不喜欢婆婆，因为她从别人的口中听到过婆婆离婚两次的经历，这当中自然包含着一些对婆婆不好的评价。所以在新房装修的时候，杨某是很不愿意住在婆婆家的，可也没有别的选择。

每次婆婆在厨房忙活，杨某等饭菜一上桌就开始吃。等婆婆忙完了刚坐下，她就匆匆忙忙地回到了自己房间，很少跟婆婆一起吃完一顿饭，对此，婆婆没怎么在意。可时间久了，婆婆渐渐发现，儿媳妇似乎一直当自己是外人，很少和她说话，婆婆主动和儿媳妇说话时，儿媳妇都是用各种理由搪塞，然后就走了。

杨某的母亲知道了这些事情以后，告诉她要处理好婆媳关系，如果婆媳关系处理不好，会影响到夫妻之间的感情。母亲的话让杨某明白，原来搬到婆婆家以后，丈夫对她的冷淡不是因为每天太累，而是因为她对婆婆的态度。可是听母亲的话，从心理上接纳婆婆，杨某犹豫了……

有一次，婆婆去看新房的装修进度，杨某却不让她用洗手间。婆婆只以为洗手间还没完全装修好，所以不能使用。可不一会儿，却看到杨某的家人可以自由进出洗手间。婆婆当时就有点恼火了，生气地跟儿子讲起了这件事。

王某本来就因为妻子平时对待妈妈的态度而不满，这时听到妈妈所说的事情就更生气了。一向孝顺的王某再也忍受不了妻子那样对待自己的母亲，当场就跟杨某理论起来……

杨某和丈夫在正装修的房子里吵完后，本想回娘家住一段时间，但又怕母亲知道自己和丈夫吵架后担心，于是就待在自己的房间里不出去。

婆婆做好饭来敲她的门，杨某不高兴地打开门，婆婆笑着说："快来吃饭吧，我做了你喜欢吃的炖排骨。"杨某没有拒绝，这一次，她和婆婆坐在一起吃饭。

婆婆说："都是妈不好，你不要再生气了……"这是杨某和婆婆第一次平静地坐在一起。以前婆婆有好多话要说，杨某却没有给婆婆机会，现在，两个人面对面坐着，婆婆跟杨某讲起了自己年轻时候的不幸婚姻和生活的艰难。

"妈，其实是我误会您了……"杨某终于不再犹豫，她觉得婆婆是个好婆婆，自己早应该真心接纳她了。

案例中的杨某其实早已经知道自己需要真心接纳婆婆，但她还是犹豫了。一方面，婆婆是离过两次婚的女人，有许多流言蜚语；另一方面，她是丈夫的母亲，自己的婆婆，自己不能总对她疏远……

就在杨某的犹豫不决中，她的丈夫对她有了越来越多的不满，直至没有办法再忍受。试想一下，如果杨某没有犹豫，而是主动解除自己心中的疑虑，从心底接纳婆婆，那么她和婆婆以及丈夫之间的关系就不会变僵。

犹豫是人们普遍存在的一种心理现象。在现实生活中，人们会遇到很多选择，这些选择对人生的成败与得失有很大的影响。所以，有的人为了得到最好的结果而在选择之前反复思考，仔细斟酌。但是，正是他们的犹豫，才使得很多好机会悄悄溜走了。其实，很多事情并不允许人们一直犹豫不决，反复权衡利弊，而需要人们快速地做出反应。否则，到头来就会错失良机，两手空空，一无所获。

婆媳相处有妙招

1. 从心理上接纳：婆婆也是妈

不管怎么说，婆婆都是丈夫的妈妈，既然与丈夫成了一家人，那么与婆婆是一家人也是无可争论的事实。媳妇之于婆婆，就跟女婿之于丈母娘一样。相信很多媳妇都希望自己的丈夫能够真心接纳自己的家人，那么媳妇为什么不去接纳婆婆呢？所以，不要犹豫了，把婆婆当成自己的另一个妈吧，这样不仅会让家庭和谐，而且还会让丈夫更爱自己。

2. 从行为上接纳：对婆婆好点

作为媳妇，不仅要从心理上接纳婆婆，而且也要从行为上接纳婆婆，最为直接的表现就是，对婆婆好一点儿，这充分地显示了媳妇对婆婆的尊重与和善。比如，在某些重大决定之前，媳妇除了征求丈夫的意见外，最好也询问一下婆婆的看法。最后媳妇不一定要按婆婆说的去做，但这样的行为却会让婆婆觉得自己备受尊重，从而在心里记住媳妇的好。

第二章
换位思考，孝老敬老很轻松

假设自己就是婆婆

婆媳之间的矛盾很多时候是因为思考问题的角度太单一，只想着自己没有考虑对方。两个陌生人猛地要在一起生活，一开始心里都会比较紧张，看对方也多用一种挑剔的眼光，还没有适应对方的存在。而快速适应家庭新变化的一个有效途径就是换位思考。作为媳妇，一定要注意与婆婆和睦相处，当与婆婆产生矛盾时，不妨站在婆婆的角度思考问题。

杨某的女儿姗姗今年9岁，是奶奶一手带大的。姗姗的奶奶一直住在乡下，后来姗姗出生了，杨某要上班，便把她接来照顾姗姗。在姗姗的记忆里，妈妈和奶奶一直都在吵架，有时是因为吃饭的事情，有时是为了姗姗上学的事情，很多时候姗姗也不知道妈妈和奶奶是为了什么而吵架。

有一次姗姗感冒了，有点发烧，杨某不给她吃药，说小孩子感冒发烧不要紧，先扛一扛，能不吃药就不吃药，这样有助于提高孩子自身的免疫力。可奶奶看着心疼，觉得小孩子免疫力低，有点儿头疼脑热就得赶紧吃药，要是耽误了可不得了。于是奶奶拿出药来，并倒好水给姗姗吃。

这时，杨某看见了，她走过来一把夺过婆婆手里的杯子和药摔到地上，"砰"的一声，杯子被摔得粉碎，接着，杨某与婆婆吵了起来。虽然姗姗以前经常看见妈妈和奶奶吵架，但是又是摔杯子又是互相大声指责的场面，她还是第一次看见，于是吓得大哭起来。

从那个时候开始，杨某就要赶婆婆走。姗姗从小就一直被奶奶照顾着，和奶奶最亲，她怎么会愿意妈妈就这样把奶奶赶走。所以每次杨某和婆婆吵架，要赶婆婆走时，姗姗都会哭着抱住奶奶说："不要让奶奶走，奶奶，你不要离开姗姗。"舍不得小孙女的婆婆每次想要离开的时候，都因为姗姗而留了下来。

可是杨某和婆婆的争吵还是时不时地发生。最近一次争吵是因为姗姗穿衣服的事。早上起来以后，婆婆说天要变冷了，于是就找了一件衣服给姗姗穿上。这时，杨某看见了，又跟婆婆吵起来。原来，这件衣服是姑妈送给姗姗的，而杨某和姗姗的姑妈关系一直不好，也很少去姑妈家。有一次，姑妈给姗姗买了新衣服，杨某看到后就让婆婆扔掉。婆婆没有舍得扔，就收了起来。因此，杨某看到婆婆居然给姗姗穿这件衣服后，又与婆婆吵了起来。最后，杨某又要赶婆婆走，姗姗抱着奶奶的腿说："不要让奶奶走，奶奶要是走了，我就不去上学了。"

姗姗看见奶奶常常偷偷抹眼泪，也听过奶奶说："要不是为了姗姗，我早就回乡下了。"姗姗是个乖巧、听话、懂事的孩子，学习成绩一直不错，可是后来她的小脑袋整天就想着妈妈和奶奶的事情，上课经常走神。正因为如此，她的学习成绩出现了滑坡。

后来，姗姗的班主任发现姗姗时常眉头紧皱，听课也常常走神。放学的时候，班主任就将姗姗叫到了办公室，要跟她谈一谈。于是，姗姗就向班主任老师道出了自己心中的烦恼。班主任知道以后，让姗姗把妈妈叫来，并聊起了这件事情。

姗姗的老师说："一定要给孩子创造一个良好的家庭氛围，一个在温馨的环境里长大的孩子，能够身心全面健康地发展。而紧张的环境会对孩子产生不良的影响，尤其是对孩子的智商产生的消极影响，更是不可低估……"

听了老师的话，杨某才意识到事情的严重性，决定以后一定与婆婆好好相处，不与婆婆吵架了。后来，每当婆婆与杨某有不同的意见时，杨某就会学着站在婆婆的立场上考虑问题，去理解婆婆。就这样，杨某与婆婆的关系变得融洽多了，家庭氛围也变得和谐了许多。

为了家庭的和谐，为了孩子的健康成长，媳妇应该处理好与婆婆之间的关系，努力营造和谐的家庭氛围，而不能只站在自己的立场上行事，想干什么就要干什么，一有不顺心的地方就与婆婆吵个没完没了。

婆媳相处有妙招

1.努力控制好自己的情绪

有些媳妇由于未出嫁前，父母像公主一样宠着，在自己家中可以算得上是说一不二。但是，嫁给丈夫之后，婆婆不会像父母那样宠着自己，所以媳妇不能再像以前那样任性，要控制好自己的情绪，尤其是在婆婆面前，不能随意发脾气。

2.学会换位思考

当媳妇与婆婆因为某件事情而产生矛盾与冲突时，媳妇不要立刻跳出来与婆婆叫板，吵架，要学会换位思考，学会站在婆婆的角度想问题，多给婆婆一分理解与宽容，多与婆婆沟通与交流。

比如，婆媳两人都很疼爱孩子，但是由于生长环境、接受的教育、获取的育儿知识不甚相同，所以很多时候都会出现意见不合的现象。原本两人的目的是一样的，都是为了孩子好，但却将整个家的氛围弄得像打仗一样，火药味十足。这又是何必呢？既然婆婆也是为了孩子好，媳妇为什么不能站在婆婆的角度看问题，弄明白婆婆为什么会有这样的意见，然后再与婆婆进行沟通。这样一来，婆媳之间的矛盾就很容易消除，家庭的氛围就会变得和谐起来，孩子也能在温馨的家庭环境中健康成长了。

婆婆有地位，媳妇有品位

在现实生活中，有很多家庭因为婆媳争夺家庭地位而导致纷争不断。这里所说的"家庭地位"，实际上指的就是在各家庭成员中的威信、权利以及被家庭成员认可的程度与被尊重的程度。换句话说，婆婆与媳妇之间的家庭地位之争，属于一种社会的常态。

结婚三年后，一位媳妇谈及自己的感受时，说："婆婆是生养丈夫的，原本我不该有这样的想法，可是嫁过来三年多，怎么都觉得我在这个家的地位不高，总有一种是外人的感觉。在家里，我们的房产证写的是婆婆的名字。这是为我们结婚买的房，我原本不该有意见，但我婆婆是个农村妇女，没有能力为儿子的结婚买房，钱都是我丈夫出的，为什么不写我丈夫的名字？"

"当初在装修时，丈夫就说要将空调装在他妈妈的房间里，虽然最后装在了我们的房间里，但我的心里还是一直感觉到不舒服。还有，丈夫每次回来，总是将大把的钱给婆婆用。家里很多事情也都是为婆婆考虑，所有的一切都以婆婆为中心。虽然我们婆媳关系还可以，但是我的心里总觉得婆婆比我在丈夫的心里重要得多，我就觉得自己只是一个外人，一个附属品而已。"

故事中的这个媳妇的心理感受，应该说在现实社会中是普遍存在的。但是，聪明的媳妇都知道，在家庭中万万不能与婆婆争地位。这是为什么呢？

丈夫毕竟只有一个妈，婆婆的地位在丈夫刚出生时就已经注定了，你怎么能够和她比啊！千万不要争，不要强迫丈夫将你的地位排在他妈妈的前面，否则争来争去最后吃亏的很有可能是自己。

当然了，在现代农村中，也存在一些强势媳妇。她们用自己的非常规方法"控制"了丈夫，让丈夫树立起"要老妈就没有老婆"的意识，使他完全听从自己的话，硬生生地将婆婆的地位给夺了过来。但是，那样的地位是不仁义的，会被很多的人指责为不孝顺，不是好媳妇。通过这样的方式得来的地位不要也罢。在如今这个时代，这种类型的媳妇会越来越少。现在，人们追求的都是婆媳关系和谐，融洽相处。

另外，婆婆在家"掌权"已经几十年了，早已习惯，你别总想取而代之，否则怎么可能相处得好？很多事情，一旦成习惯了，再想改变，往往是不容易的。你若真的改变了她的习惯，让她习惯于你说了算，也许并没有什么大不了的事情，但是，老人心里的失落感是必然的。

婆媳相处有妙招

1. 尊重婆婆的地位

新媳妇刚过门的时候，婆婆告诉她说："我儿子打算干什么事的时候，总是要和我商量商量，让我给拿个主意，他说不管大事小情，和我商量商量，心里觉得踏实。这下好了，你们结婚之后，你就多和他商量，你给她出主意，做决定就好了。"可是，这个媳妇并没有那么做，不但没有"独断专行"，反而有些事情还和丈夫一起去向老太太讨主意。因为这个聪明的媳妇明白，丈夫每次都要问问老太太的意见，其实并不是真的需要她做决定，而是出于对老太太的尊重，让她感觉到自己的威信，感觉到自己的地位。老人一般不会强硬地做出让家庭吃亏的无理决定，媳妇应尽可能尊重婆婆现有的地位，别给老人一种儿子"娶了媳妇忘了娘"的感觉。婆媳意见不同时，如果自己觉得自己的想法是对的，可以采取委婉的方式改变婆婆的想法，不要毫无耐心的只想"夺权"了事。

2. 人前注意维护婆婆的地位

有一位媳妇在自己的家人面前，总是很尊重婆婆的意见，事事以婆婆为先，甚至对婆婆可谓是"言听计从"。但是，可能是由于虚荣心作祟，在外人面前，这个媳妇却变成了另外一个样子。对于婆婆的意见不再那么看重，甚至故意置之不理，言谈举止之间，尽显当家人的风范，仿佛她就是这个家的"主子"。这种在家人面前与外人面前截然相反的做法，婆婆自然是看在眼中，记在心中的。

其实，聪明的媳妇都明白：不仅在家人面前要尊重婆婆，维持婆婆的地位，在外人面前更应该如此。换句话说，不管在什么时候，媳妇都应该承认并尊重婆婆的地位，不仅不与婆婆争夺家庭地位，而且还要努力地维持婆婆的地位。这是与婆婆和平共处，塑造良好家庭氛围的明智选择。

说话分清场合

大家都知道，婆媳之间最容易产生矛盾，发生冲突，若想和平共处，家庭和睦，就需要婆婆与媳妇掌握好说话的分寸。有时候，说话做事需要公开，应该让大家都知道；有时候，说话做事应该在私下进行，这不仅很好地尊重了对方的隐私权，而且也给对方留了面子。总之，婆媳之间要注意开诚布公，该公开说的话就公开说，该私下说的话就私下说。这样一来，婆婆与媳妇之间才能更好地沟通与交流，才能更容易得到理解与包容，从而促使彼此间的关系更加融洽。

柳某从与丈夫谈恋爱时起，婆婆就对她很不待见。因为婆婆一直觉得柳某配不上自己优秀的儿子，她觉得儿子怎么说也是个国家公务员，应该找个更漂亮、前途更好、家世背景更好的媳妇，而非柳某这个要家世没家世、要相貌没相貌的私营企业的打工妹。但是，柳某和丈夫的感情一直很好，所以，尽管婆婆极力反对，最终他们还是领了证，结了婚。

柳某是那种没心没肺、直来直去的人，尽管当时并不高兴婆婆的做法，但还是没有太往心里去，心想，跟自己结婚过日子的是丈夫，而非婆婆，但是，真正举行婚礼的时候，矛盾就出现了：婆婆说她朋友的女儿出嫁随了20万元的嫁妆，而柳某家同样是嫁女儿，才出了3万元，而且也没有其他嫁妆。对于这件事，婆婆逢人就说，见人就聊，话里话外都在说柳某家的嫁妆少，柳某父母不用心等。这让柳某觉得很难堪，每次听到婆婆这样议论自己的父母，柳某就想和婆婆理论。

柳某劝说了婆婆好几次，让婆婆以后不要再当着那么多人的面说自己娘家人的坏话。不管怎么样，她觉得自己的爸妈好不容易将自己拉扯大，他们是经济困难了点，但他们也尽量多拿出钱给了她，婆婆没必要老揪着不放。婆婆虽然嘴上答应了，但是见到别人照样还是说个没完没了。

有一次，柳某下班刚回到家，就听到婆婆和自己的远房表妹在客厅聊得热火朝天的，看到柳某进屋也没有丝毫收敛，而且还说："柳某那个妈呀，土得掉渣，不会穿衣打扮，一看就是个土老帽，还有她的爸爸，蔫不拉几的，三棒子打不出那个啥！"柳某知道后面婆婆要说的是什么，所以，当时就怒火中烧，冲上去就给了婆婆一个嘴巴："你再不住嘴，再敢说我爸妈的坏话，我就撕烂你的臭嘴！"

那一刻，柳某是豁出去了，她受够了婆婆的刁难，再也不想和她有任何瓜葛了。她知道，这一巴掌下去肯定打散了婆媳之间原本就十分薄的情分，但是，她实在忍无可忍了。

当然，柳某也为这一巴掌付出了代价，婆婆哭着告诉了丈夫，丈夫甚至不敢相信柳某会打自己的妈。但是，他看见他妈妈微微红肿的脸，最终也相信了。两个人闹了几天别扭，最终还是和好了。婆婆自从这次教训以后，也收敛了许多，尽管她一直仇视着媳妇，动辄就找机会整治一下媳妇，但是再也不敢恶语中伤柳某的父母了。

对于柳某的婆婆，没有几个人会赞成她的做法吧！不管柳某的爸妈如何，对于柳某而言，他们终究是她的父母，是养育她长大的父母，也是她在这个世界上最亲最爱的人，她又岂能容忍别人在那里说三道四？更何况这个人是她的婆婆，是那个她成天都喊妈的女人，柳某觉得自己的忍耐力已经很不错了，她再三地规劝婆婆，让婆婆不要总是咬着她的父母不放，但婆婆就是不听，最终使得婆媳关系一度恶化，甚至还挨了媳妇一巴掌。这可以算得上是婆婆"咎由自取"吧！

当然了，做儿媳妇的出手打婆婆是她的错，但是，任谁都无法忍受别人去诋毁自己的父母，而且是在外人面前，这不仅让柳某无法接受，更让她颜面扫地，所以，她才在盛怒之下扇了婆婆一记耳光，也因此影响到了自己和丈夫的感情。

婆媳相处有妙招

1. 夸赞儿媳妇的话一定要当着大家的面说

若想婆婆夸奖儿媳妇，的确不太容易。这不仅对婆婆的要求很高，而且对媳妇的要求也很高。能得到婆婆夸奖的媳妇，必然具备好媳妇的标准，而且，绝对和婆婆关系很不错。做婆婆的，如果想夸奖儿媳妇，那一定要当着全家人的面夸奖，如果能当着外人的面夸奖儿媳妇，那就再好不过了。谁都爱听好话，作为儿媳妇，当然也希望得到婆婆的夸赞。当儿媳妇对这个家付出了很多努力后，婆婆能看到眼中，记在心里，并且当着大家的面夸奖儿媳妇，那么儿媳妇自然会感到婆婆的善意，并且从中得到较大的鼓舞。受到夸奖，儿媳妇只会将事情做得更好，也会与婆婆相处得更好。

2. 批评教训儿媳妇的话一定要私下说

每个人都会顾及自己的面子，尤其是在别人面前，所以，做婆婆的如果想批评教训儿媳妇，一定要找个没人的时间，私下和儿媳妇说，并且还要晓之以理、动之以情，这样，媳妇比较容易接受。婆婆千万不要劈头盖脸地一顿大骂，因为即便儿媳妇真的觉得自己做错了，但是面对婆婆的破口大骂，儿媳妇的心里肯定会不服气，还可能会据理力争。婆婆要切记不能当着众人的面指责批评儿媳妇，这样，儿媳妇会下不了台。或许儿媳妇当时只是沉默不语或点头称是，但是，婆婆驳了她的面子，她在心里也会怨恨婆婆。

3. 不要当着别人的面说儿媳妇娘家的坏话

在现实生活中，有不少婆婆与媳妇都没有办法很好地相处，家里经常会因为婆媳的不和而闹得鸡飞狗跳。婆婆与媳妇之所以会出现这种情况，其原因可能是各种各样的，比如，因为一些鸡毛蒜皮的事情，婆媳相互抱怨；婆婆嫌弃儿媳妇娘家人抠门，给她的嫁妆少；媳妇的娘家人嫌弃婆婆小心眼，爱计较，对女儿比较刻薄等。其中，婆婆对儿媳妇娘家人的不满，不仅会使得自家不安宁，而且还会影响自家与儿媳妇娘家的关系，造成非常恶劣的影响。因此，不管婆婆对儿媳妇的娘家有多么不满，都不能在别人面前说儿媳妇娘家的坏话。如果儿媳妇的娘家真的有做得不对的地方，婆婆也应该私下里好好地与儿媳妇沟通。

适当发脾气，使知己知彼

在现实生活中，不管什么样的媳妇，都喜欢能与自己的婆婆和平相处。如果你的婆婆有诸多小毛病或坏习惯，总是时不时地找茬，你可以容忍一次，可以容忍两次，但是，时间长了，你的心中就会感觉非常郁闷，非常不甘心。这个时候，你应该怎么办呢？你不妨找个合适的时机，向婆婆发一次火吧。聪明的媳妇都懂得，适时向婆婆发飙也是婆媳和谐相处的重要手段之一。

杨某是钱家的媳妇，嫁到钱家还不足一年的时间。杨某与丈夫的感情相当好，每天都过得甜甜蜜蜜的，但是与婆婆相处得就不是太和谐了。作为新媳妇的杨某，对公婆十分孝顺，对小姑子也十分疼爱。但她的婆婆是一个非常挑剔的人，有的时候甚至有些苛刻。为此，杨某可没少吃苦头，但是为了家庭的和睦，她一直退让。然而，婆婆并没有因为杨某的忍让而有所收敛，反而变本加厉了。每天，只要杨某在家，婆婆就横眉竖眼，一会儿说杨某这不对，一会儿说杨某那不好。

有一天，一家人吃完午饭，杨某刚刚把碗筷洗完，还没有来得及放到碗橱中，正好电话响了，她就将碗筷放在一边，然后先去接电话。婆婆又发飙了："杨某，你看看，你的碗筷是怎么收拾的？真是一点儿教养也没有……"这次杨某实在是忍不住了，将电话挂了之后，阴着脸对婆婆说："妈，我刚才没有将碗筷放到碗橱里，是我做得不好，但是我是因为要接电话啊。我不知道哪里招妈不待见了，自从我来到这个家……"婆婆一看一向温顺的媳妇居然发飙了，感觉有点儿懵了，同时也有点心虚，心想：原来媳妇也可以化身大老虎啊。从那以后，婆婆几乎不再刁难杨某了，并且，两人的关系还逐渐地有了好转。

作为媳妇，与挑剔的婆婆生活久了，内心深处总会积攒许多不良的情绪和情感垃圾，比如一些不满、委屈、冤屈等，这些积攒是需要及时清理，及时释放的。如果不能够在适当的时候及时处理，这些不良情感在心里积攒得过多，突然由于某个导火索而点燃，被动地爆发的话，会带来意想不到的后果。聪明的女性不要小看了情感垃圾的爆发力。它所带来的不良后果往往是严重的。所以，适时地向婆婆发一次火，是有达到心理平衡的神奇功效的。

媳妇适当地向婆婆发一次火，可以让婆婆重新认识自己的儿媳妇，反思自己前段时间的行为处事。到底是哪里出了过错，才导致儿媳妇这次发火的？到底是自己哪里做得不对甚至是过分了？儿媳妇这次的一改常态，暴露出了我这做婆婆的缺点还是暴露了她的缺点？总之，媳妇跟婆婆偶尔来这么一次心灵风暴，会引发婆婆的反思与改进，会将双方的相处进行重新定位。

另外，媳妇适当地向婆婆发一次火，可以有效提升一下自己的"威信"。它可以很有效地告诉婆婆，别看我平时对您总是说"对对对""是是是"，可是我也是有主见的，我也是有脾气的，我也是有尊严的。别以为我所做的让步，所容忍的一切都是我软弱的表现，那都是我尊敬您而已，那都是为了和谐而已，那都是为了顾全大局而已。可是，当我不能容忍了，不肯迁就了，不愿让步了，我会行使我做媳妇的主权的。这样可以提升自己在家庭中的威望，获得自己在家中应有的地位。

婆媳相处有妙招

1. 媳妇发火次数不能太多

诚然，媳妇适当地向婆婆发一次火有诸多好处。但凡事都有正反两面，有好也有坏。聪明的媳妇会尽量避免发火所带来的不良后果。于是，这就牵涉跟婆婆发火应该把握的度。向婆婆发火，一定不要过多，过于频繁。次数多了，会让外人感到你的强势，你的霸道，对你的评价自然不高。

2. 媳妇发火要掌握火候

媳妇发火要掌握住火候，切不可发得不痛不痒，浅尝辄止，那样不但起不到良好效果，还会让婆婆觉得你就那么大点能量。当然了，媳妇发火也不能过火，过火了会弄得一发而不可收拾，婆婆面子上下不来，心里会产生反感、对抗，事情就麻烦了。

3. 媳妇发火时必须占理

俗话说得好："有理走遍天下，无理寸步难行。"媳妇作为晚辈，适当地向婆婆发一次火，让过分挑剔的婆婆知道自己也不是好欺负的，这无可厚非。但是，媳妇发火的时候必须占理。否则，那就是无理取闹了，最终吃亏的肯定还是媳妇。

不妨在婆婆面前露一手

在媳妇刚嫁到婆婆家的时候，有些婆婆可能会用一种比较挑剔的眼光来对媳妇进行审视，担心媳妇什么都不会，不懂得过日子。有的时候，婆婆在对媳妇的要求上甚至达到了"吹毛求疵"的地步。这让很多媳妇很难堪，不知道该怎么应付。

其实，针对婆婆的那些担心，那些挑剔，那些轻视，有一个办法可以摆平，那就是用行动来证明自己。在关键的时候，在婆婆看不起的事情上或者担心的领域中，给婆婆露一手，让她目瞪口呆，喜不自禁。这样，婆婆就会对你刮目相看，从此再也不敢小看自己这个儿媳妇了。

几个月前，洋洋嫁给了丈夫王某，夫妻二人恩恩爱爱，甜甜蜜蜜的。但是，洋洋的婆婆一直对她很挑剔。因为洋洋长得十分漂亮，而且家庭条件很好，在家中又是最小的。婆婆觉得洋洋就是一个大家小姐，根本不会过日子，所以对她的要求就严格了些。洋洋很清楚婆婆的担忧，一直想找个机会表现一下，让婆婆知道自己并不是什么都不懂的娇小姐。

有一次，邻居家小霞来找洋洋，说是想请教一下有关十字绣的问题。洋洋的婆婆原本心中有些尴尬，觉得洋洋肯定不会，这次要丢人了。没想到，洋洋居然滔滔不绝地与小霞讨论了起来，而且还说得头头是道，最后还帮小霞画了新样子。这可把小霞高兴坏了。而看到这一切的婆婆也对洋洋刮目相看了，觉得自己家的媳妇是会过日子的。从此之后，洋洋与婆婆的关系逐渐地好了起来。

聪明的媳妇都知道，要想让婆婆刮目相看，就应该多一些本事。做媳妇的，总要有几个绝活儿来稳住婆婆，让她信服，令她刮目相看，这样才可以体现出你的不可替代性，你才可以拥有自己的一席之地。比如，像故事中的洋洋那样，在做十字绣方面颇有造诣，能让婆婆信服。那么，外面有人在做十字绣的时候遇到了难题，婆婆就会对人家说："快，去找我那儿媳呀，这个事儿她挺做得来的。"语气中带着隐约的自豪，心中更多的是幸福。

俗话说，艺多不压身。你多学一点有用的技艺，不但不累人，反而能提高你在家庭中的地位，提高你在婆婆心中的位置。比如做一手好菜，做一手出色的女红，可以给孩子讲一口好故事，再比如能给婆婆做专业的按摩等。总之，没有本领就没有地位，有绝活就可以令人刮目相看，这是不争的事实。所以，聪明的你，不妨多学一些绝活儿，在恰当的时候给婆婆露一手。

婆媳相处有妙招

1. 露一手也要有正确的态度

你露一手绝活并不是故意和婆婆叫板——你不是说我不行吗？你不是担心我不会炒菜吗？我偏偏在一个大场合下，有单位领导，有家中长辈时，主动出击，做出几样拿手的菜来，当大家交口称赞的时候，再用极其得意的眼神向婆婆发出挑衅。这样叫板的态度自然是不妥当的。这都是生活中的平凡事情，即使你胜利了，也不会让生活发生惊天动地的大变化，还是平静一点好，会就是会，做出来也就做出来了，仅此而已。切不要以此去挑衅自己的婆婆。

2. 用绝活儿征服婆婆要怀一颗谦虚的心

婆媳关系是十分复杂的，也是充满奥秘的。作为媳妇的你即使是最好的，也不能高高在上，以此为资本，拿腔作势。那样会让婆婆生厌，她会在其他的领域里找你的麻烦——你不是挺能耐吗？你不是趾高气扬吗？好吧，我倒要看看你是不是在所有的方面都能那么趾高气扬！于是，麻烦就接踵而至了。原本根本没有什么事，但因为你不谦虚，挑起了婆婆的不满情绪，那么婆婆自然会时不时给你添添堵。

争吵有理有节

对于婆婆与媳妇来说，最难说清楚的就是一个"理"字。自古以来，婆婆与媳妇都在围绕这个"理"字争论不休。当然了，作为媳妇，可以与自己的婆婆讲道理，也可以在婆婆面前据理力争，但是若媳妇动不动就与婆婆争得脸红脖子粗的话，婆婆是很难接受与喜欢上这样的媳妇的。因此，有些时候，媳妇不要太较真，可以适当地向婆婆示弱，这样一来，才能更好地"拿下"婆婆。

菲菲属于一个十分典型的80后女孩，大学毕业后，找了一份工作，然后就和恋爱已久的李某踏上了红地毯，走进了婚姻的围城。对于菲菲而言，她觉得和李某相爱就是他们结婚的唯一理由，哪怕李某没钱、没房、没车，自己也是一穷二白，但是，只要他们相爱，就没有任何力量能阻碍他们走到一起，所以，他们的结合就是时下最流行的"裸婚"。

"裸婚"的他们是赶了时髦，为爱情谱了一篇美妙的乐章，但是，"裸婚"也是需要勇气和代价的，"裸婚"带来的后果还需要他们自己承担。菲菲和李某结婚后，就租住在出租屋里面，房子还算可以，两室一厅，两个人生活也算足够了。但是，毕竟房子不是自己的，谁也不想在上面多花钱，只是经过了简单的收拾就入住了。两个人白天出去工作，晚上回家一起做饭，享受二人世界，日子也过得安逸而幸福。

但是，这份安逸和幸福，被李某的妈妈彻底打破了。李某和菲菲结婚后，婆婆一直打算在儿子那里小住几天。对于婆婆的心事，菲菲也能理解，所以就答应了，觉得不就是小住几天吗？有什么大不了的，顶多这几天她好好地表现一下，让婆婆满意便是。就在婆婆来之前的那个晚上，李某叮嘱了菲菲许多事情，比如，他妈妈的喜好，怎样说话做事他妈妈会比较喜欢等。菲菲也很认真地听着，生怕漏了一句，到时候惹婆婆不高兴是小事，万一影响到李某和自己的感情，那就得不偿失了。

婆婆是典型的农村妇女，有许多农村妇女的优点，善良、朴素、节俭，但也有一些难以改变的缺点，那就是小气、爱计较、嗜钱如命。婆婆一来，矛盾也如影随形。在婆婆眼中，菲菲以前的许多习惯都成了坏毛病。婆婆觉得菲菲花钱大手大脚，所以提出暂时管钱，菲菲觉得婆婆很过分，来这里没几天就要管钱，再说，又待不了几天，何必这么折腾，所以就委婉地拒绝了。婆婆来之后，包揽了所有的家务活，这让菲菲觉得很开心，屋子被婆婆收拾得那叫一个亮堂啊。但是，婆婆做的饭确实让菲菲难以恭维，每天都是面条，里面要么搁点土豆，要么就搁点鸡蛋、西红柿、菠菜之类的，婆婆说这样省钱。吃了几顿后，菲菲彻底受不了了，提议到外面大吃一顿，要么做点肉吃。但是婆婆坚决不同意，最要命的是，婆婆还非常生气，将自己关起来，谁也不理，并且还不吃饭了。

于是，菲菲只能在门口好言相劝，还使劲儿地道歉，并说："对不起，妈，是我错了，我不是因为自己想吃肉，就是觉得您来了应该吃点好的。我们每天都吃面条，我自己吃无所谓，但是给您吃，我心里过意不去。如果妈您不喜欢吃肉，那我依您，以后都听您的，行吗？"最终，婆婆将门打开了，而且脸上也有了笑意。这下，菲菲算是摸准了婆婆的脾气，只要婆婆一生气，她就道歉，承认错误，保准婆婆会高兴。

其实，菲菲在对待婆婆的时候，抓住了婆婆的心思，采取了一种示弱的迂回战术，不管自己对不对，只要看见婆婆生气，她就主动承认错误，哄婆婆开心，而婆婆也会因此平息怒火。菲菲所说的话，处处都站在婆婆的立场上，为婆婆考虑，婆婆心里当然开心。其实，菲菲在这一点上，是极为明智的。试想一下，假如她和婆婆针锋相对，那么势必会大吵一架，这样一来，不仅会将婆媳关系搞僵，也会影响到自己和丈夫的关系。可是，她这样示弱不仅能化解婆婆心中的怒气，而且自己也没有什么损失，顶多也就多说几句好话而已，但却换来了家庭的安宁，何乐而不为呢？

婆媳相处有妙招

1. 多迁就一下婆婆

在婆婆面前，媳妇毕竟是晚辈，尊重、迁就婆婆这个长辈是最基本的为人之道。婆婆含辛茹苦地将儿子养大，经历了多少艰辛与磨难，她自然想给儿子最好的、最优秀的。作为媳妇，应该理解婆婆的这份心思，她是因为太爱儿子，所以无形中提高了对媳妇的要求。所以，当婆婆与媳妇之间发生冲突的时候，媳妇应该多迁就一下自己的婆婆，不要动不动就与婆婆争得脸红脖子粗。因为媳妇越是与婆婆计较，婆婆反而会越与媳妇对着干。当媳妇对婆婆多一些宽容，懂得适当地迁就一下婆婆时，婆婆慢慢地就会体会到媳妇的好，主动地与媳妇交好。

2. 学会向婆婆低头认错

谁说向婆婆低头认错的媳妇就是懦弱的呢？其实，能做到向婆婆低头认错的媳妇，才是聪明的媳妇。试想一下，和婆婆硬碰硬对谁都没有好处，只会将整个家都搞得鸡犬不宁。相比家庭的安宁幸福而言，低个头，认个错，适当地向婆婆示弱，的确是最明智不过的选择了。要知道，示弱并不等于认输，示弱并不等于真的弱。而且在自己婆婆面前，别总想着面子的问题。相较于面子，婆媳之间的关系能否更加融洽才是最实惠，最直接的。因此，作为媳妇，要学会向婆婆示弱，向婆婆低头认错，从而让自己的家庭变得更加和睦。

婆婆亲妈相处方式有别

聪明的媳妇会将自己视为婆婆的亲生女儿，但是，聪明的媳妇并不是真的将婆婆当作自己的亲妈对待。虽然这个论调乍看之下有些矛盾，但是，只要认真想一想，就会感觉出其中的差别来。

所以，在现实生活中，作为媳妇，不要幻想着你的婆婆如你的闺中密友一样，就像不要指望你的婆婆会像你的父母一样——即使她看上去可能是慈眉善目、和蔼可亲的，甚至有点宠你，但她终究是她，而你是你。你要清楚，无论你对你的婆婆多么好，她终究是你所爱的那个男人的母亲，她和你原本是无瓜葛的，你们再亲，也不会像她与亲儿子、亲女儿一样亲。女儿和媳妇是有区别的。婆婆和亲妈也是有区别的。

小徐结婚两年了，婆媳关系一直都相安无事，她拿婆婆真的当亲妈一样看待，可自从生了宝宝，坐月子，才发现根本不是那么回事。因为丈夫想给宝宝买一份保险，小两口就研究了好久，最后决定给孩子买。有一天，保险公司的业务员上门办理手续的时候，刚好丈夫不在家，小徐就与业务员开始办理手续。在一旁的婆婆可不干了，她居然和保险业务员说："你们先不能签，这事儿得我儿子说了才行，等他回来之后再签吧。"这么一句话把小徐的心凉得彻头彻尾，让她如梦初醒。在此之前，媳妇百般小心，处处留意，尽可能做得得体，为的就是要和婆婆搞好关系，能够将她当亲妈一样，也希望她能将自己当亲闺女一样，可是现在看来，她做的这些努力全白费了。别看婆婆嘴上说拿她当女儿看，可是，在她的内心深处并不是这样想的，在关键时候，或者在不经意的地方，这种区别就会显现出来。小徐苦笑着想："能有多少像我这样一开始把婆婆当亲妈的？"

还有一位婆婆对自己的儿媳妇非常好。在亲戚邻居中，她经常说把儿媳妇当自己的女儿看待。可是，当儿媳妇生了宝宝之后，有一件事情却对儿媳妇触动很大。生了孩子之后，老太太跑前跑后地伺候起了月子，并且很小心地喂媳妇汤喝，那种细致认真的态度，实在让人感动。她一小勺一小勺地放到自己嘴边吹好，再去喂儿媳妇，并且还一个劲儿地鼓励她多喝一些，但是最后总要带上一句："多喝点，不然没有奶。"正是最后一句话，让儿媳妇觉得如鲠在喉。在她听来，所有的殷勤、努力，似乎只是为了让自己有奶，最终目的是为了自己的孙子有奶喝。这个媳妇就觉得挺伤心的。她感觉自己只是一个工具而已。

例子中的媳妇并没有错，当然也不能说婆婆有什么过错。其实婆媳之间，本来就是这样的，婆婆不是亲妈，媳妇不是亲女儿。虽然表面上看，婆媳之间就像是亲妈和亲闺女一样，但是在实质上还是有区别的。

聪明的你，不妨仔细想一想，婆婆和你的亲妈，到底有哪些相同之处？有哪些不同之处？然后，将她们各自的缺点列到纸上，将婆婆的缺点安在你妈妈的身上，将你妈妈的缺点安在你婆婆的身上，看看你能否用原来的态度对待她们现在的缺点。

婆媳相处有妙招

1. 在生活中像亲妈一样伺候婆婆

在生活上，聪明的媳妇会将婆婆当亲妈似的伺候。假如媳妇在生活上、在饮食起居上能够做到像照顾自己的亲妈一样来照顾婆婆，那么你为婆婆所做的也就够了。因为在一般情况下，我们会对自己的亲妈进行无微不至的关怀，只要能做到的，就会不遗余力。但是，有的媳妇对自己的婆婆远远没有对自己的亲妈上心。所以，要想真心实意地搞好婆媳关系，聪明的媳妇会在饮食起居上像照顾自己的亲妈一样照顾婆婆。

2. 在思想交流上不要将婆婆当亲妈

聪明的媳妇都明白，在思想交流上不能将婆婆当亲妈。

因为女儿与亲妈进行交流的时候，通常都会和盘托出，没有一丝一毫的保留。即便女儿犯下了什么错误，甚至做了什么丢人的事情，她也会跟自己的亲妈讲。而她的妈妈会对她无限包容，接受她的一切，尽心尽力地为她解决一切问题与麻烦。然而，面对婆婆的时候，却不能像在亲妈面前那样无话不谈。因为女儿与亲妈之间，利益都是女儿的；而媳妇与婆婆之间，利益是整个家庭的。

孝顺婆婆不吝啬

　　和婆婆相处，一定要以孝当先。老话说，百善孝为先。在家庭生活中，做媳妇的也应当这样。你只有真心实意地孝顺自己的婆婆了，才会得到你该得到的，比如和谐的家庭关系，良好的口碑。那么，孝顺婆婆，一定不要吝惜自己的钱，该花在婆婆身上的钱，一定要大方地花。平时，需要花在婆婆身上的钱挺多的。比如，婆婆过生日，逢年过节，或者遇到婆婆生病等，该给的就给，并且都是应该给的，要表现得大方一点，主动一点，将好事做到前面总比被动地做在后面要强得多。

　　曹某是杨家的媳妇，是一个非常看重钱，懂得精打细算过日子的人。她总是将家里的钱紧紧地攥在自己的手中，日常花销能省就省，尤其是在孝顺婆婆上。她可以说总是想尽一切可以想的办法避免为婆婆花钱。

　　面对曹某的做法，丈夫也多次与她谈心，暗示她多给婆婆花点钱，可是曹某总是以各种各样的理由拒绝。在万般无奈之下，丈夫开始背着曹某偷偷地给老太太零花钱，并且反复叮嘱老太太不要告诉曹某。

因为这件事情，婆婆对曹某产生了很大的意见，经常动不动就吵架。而周围的街坊邻居们也都知道曹某是一个很小气的人，平时根本不舍得为婆婆花钱……

在上述故事中，这位女士的家庭不但没有少在婆婆身上花钱（丈夫偷偷给），还得不到认可，被认为是一个凶巴巴的过分抠门儿的媳妇。这当然不是明智之举了。既然是这样，那么，聪明的媳妇自然会明白，何不主动出击，将该花在婆婆身上的钱主动花出去，那样还能得到好名声，大家都高兴。

婆媳相处有妙招

1. 做好花在婆婆身上的钱的预算

聪明的媳妇会先做好一年中要花在婆婆身上的钱的预算。提前想一想，一年中算上婆婆的生日、春节、中秋节等重要日子，估算一下需要开支多少钱，做到心中有数。当大体有一个数目之后，才可以游刃有余，灵活安排，做到总量控制。其实，这么算下来的话，一年在婆婆身上花的钱基本是固定的。聪明的女性会进行总量控制，在自己可以接受的范围内，做到让婆婆感受到自己的真心，也能让外人看到自己的实际行动。

2. 认真考虑为婆婆花钱的形式

聪明的媳妇会考虑这些钱会以怎样的形式花到婆婆的身上。这么花钱和那么花钱是不一样的，你用什么样的方式和方法，就会收到什么样的效果。有时候，由于方法不当，时机不对，你明明是花了不少钱在婆婆的身上，可却收不到预期的效果，反而得罪了婆婆，让她不痛快。这样的情形也是时有发生的。这就叫花钱出力不讨好。出现这样的情况你也不能怪别人，要怪只能怪你自己的方法不对路。媳妇在婆婆身上花钱，首先一定要把握住时机，也就是要在婆婆最需要的时候，比如，婆婆今天生日，你却不给她花钱，结果时隔两天了，你突然想起来，给了她更多的钱，但是已经失去意义了。还有，你打算给婆婆一点钱，让她去买衣服，以表示你对她的感激，因为她帮你照看孩子挺辛苦。于是，你来到了婆婆家，正好有亲戚在，你觉得在亲戚面前给她钱，会挺合时宜。于是，就当着外人的面给了婆婆钱。这时候，聪明的女性会当着外人的面给婆婆钱之后，赶紧找个理由离开，比如，"妈，我有事急着出去啊"，这样会让人觉得你不做作，因为你有急事要走才当着外人的面给她钱的。但是如果你给了钱之后还要在那里拉家常，一拉就没完没了，就会让人怀疑你是在作秀给外人看的，因为你既然要在这里很长时间，为什么不等外人走了之后再给？总之，给婆婆钱，或者给婆婆买东西，是要讲求策略的。

3. 不要给婆婆花太多的钱

要想成为一个聪明的媳妇，就一定要记住：给婆婆的钱不可以太多。比如，你们家庭收入本就不高，可在日常生活中你三番五次地，没有节制地在婆婆身上花钱，反而会让老太太真的觉得过意不去，继而成为一种心理上的负担。这是一种情况。另外，也许有的婆婆会对你的钱产生依赖，觉得子女孝顺自己，给自己钱是应该的，是她应得的，那么，她就会惦记着你的钱。所以说，不管做什么事情都害怕形成一种习惯，形成一种思维的定势。聪明的媳妇都懂得，孝顺婆婆是应该的，花钱时不能吝啬，但是也要注意一个"度"，要将钱花得恰到好处。这样一来，婆媳之间的关系才能很好地维持下去。

不是你的错，有时也可认错

婆婆与媳妇在一起生活，有点儿小争端、小误会也是在所难免的。有的时候，婆婆可能会因为某些小误会而与媳妇发生冲突，这个时候，媳妇不要与之硬碰硬，可以暂时将这莫须有的罪名认下。但是，媳妇也要让婆婆知道，自己并非真的犯了错，而是为了家庭的安宁，为了婆媳之间的关系，才暂时认错的。

笑笑的婆婆是远近闻名的画家，而且对收藏也有特别的爱好。笑笑第一次见婆婆的时候，就感觉到了婆婆身上所散发出来的那种艺术气息。而且，凑巧的是，笑笑也从小就喜欢艺术，喜欢画画，自然和婆婆有共同的话题，婆婆也喜欢笑笑这位儿媳妇。

笑笑与丈夫结婚后，和婆婆生活在一起。平时，婆婆在家也就收拾家务、做做饭，再就是摆弄她的那些收藏品。笑笑在和丈夫恋爱的时候就知道，婆婆的那些收藏品是她的宝贝，谁也不能动，动了无疑就是和婆婆过不去，婆婆一定不会饶恕的。笑笑自然记在心里，平日里对那些收藏品也是小心翼翼的。

有一次过周末的时候，丈夫的表姐带着孩子来家里玩，孩子6岁，比较调皮。婆婆和表姐在客厅聊天，笑笑在厨房准备晚饭，孩子一个人到处跑着玩。下午的时候，表姐带着孩子离开了，笑笑和婆婆也各自回房休息去了。吃完晚饭，婆婆让笑笑将自己的房间收拾一下，说是落了不少灰尘，笑笑就去收拾了。但是，第二天一大早，笑笑收拾好东西准备上班，就听到婆婆在房间尖叫，笑笑急忙跑过去，看到婆婆抱着一只已经裂开的花瓶哭，嘴里骂着："让你平时小心，不要乱动这些东西，你就是粗心，现在我的宝贝破了，怎么办啊？这是我最心爱的！"笑笑明白，婆婆手里裂开的花瓶，恰恰是婆婆最得意和最喜欢的收藏，平时别说是抱一下，就连看一眼，婆婆都会舍不得，但是，这并不是自己打破的。

"妈，那不是我打破的，您知道，我平时都很小心的！"笑笑委屈地说，并将婆婆拉到椅子上坐下来。"那你说是谁打破的，再说，我的房间除了我进去，也就你和我儿子，但是我儿子这几天出差不在家啊，难道你还觉得是我自己打破了冤枉你吗？"婆婆气急败坏地说。

笑笑觉得，这个时候过多的解释并无益处，于是就说："妈，是我错了，是我没有管理好这个家，没有照顾好你的宝贝，让它不明不白地破了，妈，我向你承认错误，希望妈能原谅媳妇！"婆婆听到这些话，尽管还生气伤心，但语气软了许多。"也是妈太着急了，你知道的，这件宝贝是我最喜欢的，现在破了，多可惜啊！没事了，你去上班吧，让我一个人静一静！"

晚上笑笑回来的时候，婆婆面露尴尬地说："笑笑，那花瓶不是你弄坏的，是你表姐的孩子打破的。当时，那孩子吓得没敢说，回家才偷偷地告诉你表姐，是妈冤枉你了，你当时怎么就不说出来！""妈，没事，看着你当时那么生气那么伤心，我如果再不承认，岂不是更伤你的心！"笑笑笑着说，她心里清楚，婆婆的气也消了！

其实，从笑笑和婆婆的故事可以看得出，这对婆媳不仅平时相处得不错，即便是在发生误会的时候，还能巧妙地化解。当然了，这主要是因为媳妇懂得迁就和包容婆婆，媳妇能为了家，为了能和婆婆和睦相处而懂得退让，甚至承认那些莫须有的错。而婆婆发现是自己冤枉了媳妇之后，也能主动向媳妇认错，这样一来，婆媳战争就很难继续下去了。

在婆婆与媳妇相处的过程中，不仅应当讲究相处的方法与方式，而且也应当讲究一些策略。有的时候，还需要婆媳中的一个人作出适当的让步，这并不是认输，不会丢面子，反而能将大事化小，小事化了，这是为了家庭安宁团结的明智之举。所以，聪明的婆婆与媳妇不会将日子过得水深火热，不会成天为了一些鸡毛蒜皮的小事而大动干戈、大伤和气。

婆媳相处有妙招

1. 媳妇要多谦让和包容婆婆

媳妇给婆婆低头认错是很自然的事情，应该正确地看待这个问题，哪怕当时并非你的错，是婆婆错怪了自己、冤枉了自己，但只要能让她消气，能让这个家安宁，媳妇应该学会忍耐，学会谦让，学会包容。相信，事实总有澄清的一天，也自然有还你公道的一天。再说，在婆婆面前，争辩没有多大的用处，只会将矛盾更加激化，适当地让步，不仅能体现出你的大度，更会让婆媳之间友好相处。

2. 婆婆不要随意下结论

婆婆也好，媳妇也罢，在遇到问题的时候，应该多思考一会儿，不要轻易下结论。尤其是当这些问题涉及婆婆与媳妇的时候，更应该认真地将事情的起因、经过与结果分析清楚，不要随随便便地就将错误推到对方的身上。即便当时"看清楚"了，你也需要三思而后行，不能有丝毫的冲动与鲁莽。因为当你冷静下来，仔细分析事情的原委时，你可能会发现其中还藏着隐情。如果你当时就一竿子将对方打死了，等到再发现真相时肯定会后悔莫及的。

婆婆有需要时，尽量在身旁

平时，由于各种原因，婆媳相处的机会并不是完全均等的，有时多点，有时少点。这都没有什么大不了的，都是正常的。但是，当婆婆遇到特殊情况的时候，比如，婆婆生病了，婆婆遇到烦心事而愁眉不展，婆婆家里忙不过来等，你应该尽可能地陪在婆婆的身边。

王某平时很少去看望自己的婆婆，连婆婆的邻居都说："怎么不大见你儿媳妇来呀？"婆婆也因此颇有微词，觉得儿媳妇和自己不亲近。有一次，老太太意外摔倒，腿骨折了，卧床不起。让她没有想到的是，儿媳妇居然急匆匆赶来了，嘘寒问暖，细致照料了起来。婆婆有些不适应，问她怎么有时间来了？王某一边忙碌着一边对婆婆说："妈，我平时忙，能不请假的就不请假了，因为我们相信您身体壮实，可以自己照顾自己。可是现在您受伤了，我即使再忙再脱不开身，也要来照料您。您就安心养伤吧，我请了一周的假。您儿子本来也打算请一周假回来，可我让他跟我分开请假，这周我来照顾您，下周他再请。这样就能保证每天您身边都有人照顾了。"

媳妇这番话让老太太感动不已，连以前对媳妇的不满都在这一瞬间烟消云散，消失得无影无踪。老太太见人就说还是自己的媳妇会疼人！虽然平时不见常来，可是自己遇到事情了，她会及时赶到。以后，邻里再说起"怎么不见你的儿媳妇来看你呀"的时候，老太太就会理直气壮地说："是我不肯让他们来的，现在他们都在创业阶段呢，趁这个机会好好工作，多赚点钱，为生孩子做准备。上次我受伤，孩子轮流请假来照顾我，耽误了不少时间。看来呀，我这老胳膊老腿的，以后可要好好照顾自己，万一有个什么好歹，会拖累孩子们呢！"

众所周知，现代人的工作压力都很大，大家每天都在不停地忙碌着，不能经常去看望父母或者公婆，这也是情有可原的。可是，如果在婆婆发生意外，在最需要你们的时候你不出现，依然以工作忙，不好请假为托词，那就太不应该了。想一想，老人在一年又一年地变老，年轻人陪他们的机会越来越少了，在她最需要的时候你还不出现，那可实在说不过去了。

婆媳相处有妙招

1. 经常给婆婆打电话

现在，有很多婆婆与媳妇都不住在一起，而且由于媳妇工作繁忙或者其他原因，很少去看望公婆。尽管婆婆可以理解，但心中或多或少还是有些失落、有些寂寞的。在这种情况下，媳妇可以多给婆婆打电话，比如，每隔一两天就给婆婆打个电话，与婆婆好好聊聊，以此来慰藉一下婆婆的思念之情。

2. 在婆婆需要时及时出现

如果婆婆生病了，或者遇到其他特殊情况，需要媳妇在身边，那么媳妇就应当义不容辞地站出来，陪婆婆跨过这个"坎"。如果此时媳妇仍然以各种理由推脱，那么婆婆心中的失落感会被无限地放大，继而对你这个媳妇感到失望，并为日后的婆媳关系埋下隐患。

第三章
婆媳互信互爱，家风和煦

孝心善行温暖婆婆

一个和睦的家庭，女人只爱自己的丈夫是远远不够的，必须要做到对待丈夫的父母也应付出真情。在男人的心中，父母的地位是绝对不会比妻子的地位低的。而你作为他的妻子如果不能和他的母亲好好相处，不单单家庭不和睦，同时还会影响你们夫妻之间的感情。

韩某对丈夫很体贴，两人的感情一直都非常好，从恋爱一直到结婚的这六年当中，两人几乎没闹过什么大矛盾，但是最近他们却有了一次争吵。

原来，自从婆婆知道韩某怀孕后，便准备从乡下搬到城里的儿子的家来住，以便照顾韩某。可是韩某坚决不同意和婆婆住在一起，她脑海中描绘的幸福生活，是他们夫妻和一个小宝宝这样三口之家的生活。

韩某的反对使得她丈夫总是愁眉不展，韩某看了心里也不开心，无奈之下，她只好答应丈夫，让婆婆搬来和他们一起住。把婆婆接来的那一天，婆婆说："雪儿，如今你怀了孩子，一定要多注意休息，我现在身体还算硬朗，如果你们不嫌弃，以后做饭的事情就交给我。"韩某看见丈夫点头，便也答应了。

谁想到婆婆第一次做饭就出现了问题。韩某看见婆婆放在篮子里的芹菜叶，就随手倒进垃圾桶里。婆婆见状，惋惜地说："这多浪费啊！这些芹菜叶洗干净了，一样可以腌成小菜吃。"韩某听到婆婆责怪自己浪费，心里便不高兴了，说："家里又不是没有钱，用得着吃芹菜叶吗？"

小孩出生以后，婆婆在照顾儿媳妇月子之余给宝宝做起了衣服和鞋子。然而，当她把自己亲手缝制的小衣物给儿媳后，儿媳甚至没有看一眼就放到一边。最让婆婆伤心的是，没过几天，她竟然在放旧衣物的箱子里发现了自己给小孙子缝的衣物。一时气急的婆婆拿着衣物就去找儿媳理论。于是，两个人吵了起来。

这时候，丈夫正好下班回来了，他听明白了事情的原委后，把韩某叫回卧室说："你怎么能这么做，那可是妈花了好长时间亲手缝的……""那又怎么样，现在的孩子谁还穿那些，不仅难看，而且一点也不柔软！"韩某理所当然地说。丈夫听了这话后非常生气，于是夫妻两个吵了起来。最后，丈夫一摔门，出去了。

和丈夫吵过之后，韩某一个人坐在床上生闷气。这时候婆婆进来了，她对韩某说："韩儿啊，都是妈不好，不要生气了，快吃饭吧！"韩某看了婆婆一眼既没有出去，也没有说话。婆婆劝不动她，只好离开了。

一直到晚上，丈夫还是没回来，韩某走出卧室，发现饭桌上的菜谁都没有动过，婆婆正在自己的房间里轻轻哼唱着摇篮曲哄小孩。看见婆婆瘦小的背影，韩某突然间觉得婆婆老了。记得刚结婚那会儿，婆婆的身体还很硬朗，可是现在，她不仅瘦了很多，而且头上还添了很多白发。以前，她和丈夫每次回家乡去看婆婆，她总是非常高兴，想方设法为他们做好吃的。现在，婆婆自从到了这里，不仅伺候自己，照顾孩子，还包揽了家里大大小小的活儿……想到这里，韩某的心为之一动。何况，丈夫一向都很孝顺自己的母亲，如果自己作为儿媳妇，却总是对婆婆不满意，总是和婆婆争吵，丈夫对自己的感情一定会受到影响……韩某明白了一个道理：婆媳关系在很大程度上影响着夫妻关系。

后来，韩某逐渐转变了对婆婆的态度，更懂得将自己对丈夫的爱转移一些在婆婆身上。这不，她去逛街的时候给自己的母亲买了一件衣服，也按照差不多的价格给婆婆买了一件。婆婆拿着媳妇买的新衣服，高兴得合不拢嘴。换上新衣服的婆婆，对刚刚回来的儿子说："看看妈穿这件衣服怎么样？这是韩儿给我买的……"

自从韩某改变了对婆婆的态度，比以前更懂得善待老人之后，她明显发现丈夫对她的态度也不一样了。近两年，丈夫出差回来很少给自己带东西，这一次，他竟然给自己带回一条漂亮的项链……

男人这一生最重要的女人就是母亲和媳妇，而这两个女人也同时都深爱着同一个男人。一个拥有这个男人的前半生，一个包揽了这个男人的后半辈子。两个毫不相识的女人，也会因为同一个男人而变成亲人，因此，婆媳之间有不适应也是很正常的。但是作为媳妇，就要尽力去经营好婆媳的关系，即便是不能像爱丈夫那样爱婆婆，也一定要懂得善待老人。

婆媳相处有妙招

1. 别把家务都推给婆婆

媳妇即便是不喜欢婆婆，也不能把所有的家务都让婆婆一人来做，自己从来都不去帮忙。婆婆是老人，是长辈，并非是你家中请来的保姆，千万不要婆婆在家里打扫卫生，媳妇却在外面逛街或者打麻将。

2. 婆婆生病要尽心照顾

手心是肉手背也是肉，丈夫站在两个女人中间，很难做，如果逼他，后果是难以想象的。既然爱一个人，就是爱他的全部，自然，还包括爱婆婆。只要你用心去爱了，婆媳关系自然就能处好了。爱婆婆就要在需要的时候力所能及地照顾她。身为儿媳，婆婆生病了，不要躲在一边，什么事情都让丈夫去做，应该像照顾自己的母亲那样亲自给婆婆端水送药，主动给婆婆熬药做饭等，这才是作为好媳妇应该做的。

3. 记得婆婆的生日

有人说爱丈夫不如爱婆婆，这话有一定道理。爱婆婆可以从小处着手，在日常细节上体现出对婆婆的关爱，可以记住婆婆的生日和一些对婆婆意义重大的日子。在这些日子到来时，买个蛋糕或送个礼物，祝福婆婆，花费不多，却能让婆婆从心里感动，以后婆婆自然也会对你赞赏、喜欢。而且这样贤惠懂事的媳妇，丈夫能不爱吗？

话不投机也不记仇

婆婆和媳妇之间有小吵小闹也是很正常的，毕竟婆媳之间有着年龄的差距，生活习惯也不同，会让婆媳之间产生矛盾，或者相处起来比较困难。但是凡事都要有个度，吵架归吵架，闹完了也就应该和好，千万不要因为一点点的矛盾就相互怄气，谁也不理谁，以后甚至都不来往了。仔细想一下，其实真的没有必要，毕竟大家还是一家人。

黄某是一个典型的农村传统女性，她在农村生活了大半辈子，从来都没有见过什么大世面，每天要做的就是伺候一家老小吃喝拉撒，然后去地里干活。黄某这些年都遵照着日出而作日落而息的习惯，生活平淡如水。

但是，让她感到最自豪的就是他的儿子考上了名牌大学，并且还出国留学了，现在的工作也非常好，更让村里的人羡慕的，就是她的儿子还找了个外国媳妇。因此，黄某也就被儿子和媳妇接到了城里，第一次住上大房子的黄某，像是进了黄金屋，高兴得合不拢嘴。

媳妇还算乖巧，汉语也说得很顺畅，婆媳之间也能正常沟通，所以媳妇进门的前两年，婆媳都相处得不错。但是，自从有了孙子后，婆媳的矛盾就出现了，而且两个人慢慢地较上了劲儿，谁也不愿意退让一步，战争愈演愈烈。

媳妇依照美国的规矩去喂养孩子，六个月之内不喝水，但是，黄某看见嘴唇干裂的孙子，心疼得不行，硬是给孩子喂了水。媳妇看见后，气得将奶瓶扔了。黄某告诉儿子之后，儿子只会夹在中间和稀泥，谁也不帮，谁也不得罪，黄某气得不行。

还有，媳妇不让给孩子吃蛋黄，然而国内的孩子可以吃辅食的时候基本上是从蛋黄开始，但是，美国的规矩是孩子一岁之前不能吃鸡蛋。黄某觉得该给孙子喂蛋黄了，于是偷偷地喂了四分之一，结果媳妇通过监控看到了，这一次，她居然给婆婆发通牒，说如果再胡乱喂孩子，就回老家去。

黄某当然不甘示弱，就骂媳妇"装洋蒜"；儿媳妇也不甘示弱，反骂婆婆"笨蛋"。婆媳两个就因为这些事情吵得不可开交，而且，媳妇动不动就拿起电话报警，因为美国人对于家务事也会报警。

还有，更让黄某受不了的是，为了一点小事，媳妇就不在家吃饭，而且还抱着孙子出去吃，就是不想和婆婆在一起吃。最终，黄某实在待不下去了，觉得还是回老家农村种田好。

我们都知道，不管是婆婆，还是媳妇，都是从心眼里疼爱孩子的。但是，由于思想观念的不同，在如何教养孩子方面可能会存在一定的差异，就像案例中的黄某与洋媳妇。因此，婆婆与媳妇一开始话不投机，发生冲突，甚至相互谩骂。但是，即便是这样，婆婆与媳妇两个人都不应该记仇。因为大家的出发点是相同的，有了矛盾，相互记仇，只能使事情变得更加糟糕。只有各自让一步，好好进行沟通，婆媳关系才会变得更加亲密。

婆媳相处有妙招

1. 有问题先冷静

在现实生活中，婆婆与媳妇之间难免会出现话不投机的问题。这个时候，是应该记仇，下次寻找机会进行"报仇"？还是应该摆正自己的心态，给彼此一点儿冷静的时间呢？很显然，正确答案应该是后者。当婆媳话不投机时，不要彼此争吵谩骂，也不要暗自记仇、"寻机报复"，而要努力地将自己的心态摆正，马上"闭嘴"，或者干脆离开"案发现象"，好好地冷静一下。认真思考导致这次矛盾的真正原因以及如何将自己的想法恰当地表达出来。等双方都彻底地冷静下来后，再坐到一起共同商量最佳解决方案。

2. 媳妇可以先向婆婆道个歉

婆婆与媳妇因为话不投机而吵闹起来，这是婆媳相处时可能出现的一种正常现象，毕竟人与人的想法是不同的，更何况是关系比较特殊的婆媳呢？不过，相对于婆婆来说，媳妇是晚辈，暗中记仇，甚至变本加厉地"对付"婆婆，那就太不应该了，同时这也是导致家宅不宁的重大原因。因此，作为媳妇，你不妨宽宏大量一点儿，忘记这次的不快，先去婆婆面前道个歉。这样一来，你也算是给了婆婆一个台阶下。相信你的婆婆也不会继续为难你。

既要会说话，也要会办事

在婆媳关系中，许多人提倡媳妇应当会说话，但他们往往忘了这可能让人们误以为只要说好话就能获得些什么，结果让许多人都放弃了原有的真实，去选择戴上虚伪的假面。会说话会办事的媳妇，当然会让婆婆喜欢，假如将婆婆放在心上，那么媳妇获得的实惠会更多。不会说话的媳妇就可能在无意间惹婆婆生气，不仅影响自己在婆婆心中的形象，更加会影响到婆媳之间的关系。

电视剧《女人的颜色》中王进的妈妈，真的可以说是婆婆当中的极品人物，且不说她为了家庭的利益、为了自己的儿子上刀山、下油锅，见人说人话，见鬼说鬼话，也不说她面对现实和生活，能屈能伸，单单说她面对两个儿媳妇时候的情景，就不一样。

她的第一任儿媳妇叶静宜，出身名门望族，家教礼仪自然无可挑剔，而且，她会说话会办事，乖巧听话，即便婆婆为难她，她也只会向婆婆道歉，将过错都揽到自己身上，其实，对于这位媳妇，王老太太是打内心深处赞赏的，尽管之后叶静宜同王进离婚了，王老太太也迫于无奈多次伤害过叶静宜，但是，她那也只是为了捍卫家庭的利益，一切也都是为了王进和孙女考虑，这也就造成了之后她的第二任儿媳妇姚倩倩进门后，王老太太对其有诸多的不满。姚倩倩相对于叶静宜而言，不管是品行、贤淑程度，还是持家过日子、对待婆婆方面，都有很大的差距，尤其是姚倩倩根本就不会说话做事，所以才导致婆媳从头至尾都大吵大闹。而王老太太也从内心深处鄙视姚倩倩，甚至觉得姚倩倩就是破坏王进婚姻的罪魁祸首，也是将整个家庭毁掉的魔鬼。同时，她通过对比得出结论，还是叶静宜好，她才是自己心目中的好媳妇。

其实，屏幕上的叶静宜，尽管她之前的婚姻是失败的，但是，作为媳妇，她很优秀，本身她出身于豪门，从小家务活、做饭这些事情都由保姆伺候着，她如公主般生活到结婚，但结婚之后，她在婆婆的调教下开始学做家务，开始照顾一家人的饮食起居，学会了相夫教子。六年来，家里所有的事情都做得很到位，在婆婆眼中，她不仅会说话，而且会办事，就算再刻薄麻辣的婆婆，也会和她相处融洽；相反，姚倩倩不仅人品不行，而且，心肠恶毒，更重要的是，她不会说话办事，婆婆自然看不上，难免会每天都吵着闹着让姚倩倩和王进离婚。

婆媳之间也并不是从一开始就不能相处，婆媳处不到一起，刚开始也仅仅是局限于婆婆看不上媳妇，或者是媳妇瞧不上婆婆，再者是双方都互相看不顺眼，但是这种状况也不至于闹得很僵，更加不会出现大吵大闹的情况。有很多矛盾，都是在之后相处的过程中慢慢积攒起来的。假如媳妇会说话办事，那么婆婆也不至于总是刁难媳妇，没有哪个婆婆愿意天天闲着没事干找媳妇的麻烦。更何况，跟媳妇吵架自己也不会得到什么好处，反而还会招人烦，同时还会给儿子添乱。因此，大多数的婆婆都不会故意为难媳妇。

婆媳相处有妙招

1. 将"蜂蜜"抹在自己的嘴上

众所周知，不管是什么样的人，都喜欢听好话，所以，会说话的人一般都更招人爱。在与婆婆相处的过程中，媳妇也要注意这一点，多跟婆婆沟通与交流，多跟婆婆说好听话，将"蜂蜜"抹在自己的嘴上，那么婆婆自然就更容易接受你，你们婆媳之间的关系就更容易相处融洽了。

2. 多为婆婆办实事

有言道："光说不练假把式。"如果媳妇只是嘴上说好听的话，一点儿实事都不办，那么时间长了，婆婆也不太可能会喜欢的。所以，媳妇除了会说好听话之外，还要会办事，多为婆婆办点实事。这样一来，婆婆才会真正地感受到你的诚心，真正地将你放在心里，接纳你。

婆婆面前亲密有度

一般情况下，婆婆对儿子都会有一种很强烈的占有欲望，觉得儿子就是自己的，媳妇的到来就是打破了原有的模式，就是把儿子从自己的身边抢走了。现如今，夫妻二人还在自己面前秀恩爱，过分亲密，从心理上她就没有办法坦然面对，必然也会觉得非常碍眼，而对此媳妇自然也会有很多的看法，甚至还会厌恶。

杨某和丈夫从恋爱到结婚，一路走来，两人浪漫过、疯狂过、冲动过、哭过、笑过，但是不管怎样，这一路的感情都非常好，丈夫既懂得浪漫又体贴和疼爱自己。杨某过着女王一般的生活。夫妻二人在一起的时候如胶似漆，恨不得粘在一起，杨某很喜欢腻在丈夫的身边，享受着他温柔的爱，丈夫也习惯了杨某像口香糖一样地粘着自己，那种感觉非常好，令他很享受。

但是，自从婆婆来了之后，这一切都被打破了。婆婆看到杨某和自己的儿子腻在一起，刚开始的时候只是脸上稍有不顺，后来就直接说了，再到后来就开骂了。杨某觉得婆婆无聊，不可理喻，自己和丈夫腻在一起又怎么惹着她了呢！而婆婆却说："你看你成什么样子，不知道检点一点，也不知道害臊，成天挂在我儿子脖子上！"对于婆婆的话，杨某觉得莫名其妙，也很不可思议，她简直无法忍受，再说，自己和丈夫一直都这样，凭什么她来了就要改变，而且，很多事情一旦成了习惯，就很难改变了。

其实，话说回来，对于婆婆其他的方面，杨某还是比较满意的，而婆婆呢，对于杨某其他的方面也还满意，唯一受不了的就是媳妇整天和儿子腻在一起，而且当着自己的面亲得响亮，她觉得很尴尬，也为他们害臊。当然，她只是一味地反对或者阻止媳妇和儿子过分亲密的举动，却没有说出个理由来，杨某也因此而纠结着，不得其果。后来，杨某在邻居那里才算是搞清楚了婆婆为什么这么反感自己和丈夫亲密，不是因为她讨厌自己，完全是因为思想保守，受不了年轻人的思想观念。

杨某知道了事情的原委之后，就尽量在婆婆面前不再和丈夫太过亲密，渐渐地，婆婆也不再厌恶自己了，她和婆婆之间的关系也缓和了许多，从以前的无话可说到慢慢地有了共同的话题，而且，在和婆婆的接触过程中，她发现，其实婆婆有很多优点。由于从小就受到比较传统的教育，所以婆婆很难接受现代年轻人的开放，她觉得接吻拥抱是很私密的事情，只有两个人在一起的时候才可以，当着别人的面，那就是轻浮，就是对别人的不尊重。

婆婆在同杨某的不断接触中，也发现了杨某的其他优点。杨某脾气好，性格也不错，而且，懂得疼爱儿子，很多事情都会站在儿子的立场上去考虑，对自己也还孝顺，比如平时总会给自己买些衣服，而且每次都挑质量好的买，从不心疼钱，这让婆婆很放心，也很欣赏，更加开心。这样一来，婆媳双方都看到了对方的优点，彼此之间相处得越来越好，最后，发展到亲如母女的地步，能谈一些比较贴心的话。

从杨某和婆婆相处的过程中可以看得出，这对婆媳刚开始不能好好相处，并不是因为讨厌对方或者是对对方不满，只是因为婆媳的思想观念不一样，婆婆比较保守，她认为媳妇和儿子过分亲密的动作不仅仅有悖于传统的教育，而且还让自己觉得很尴尬、脸红；但是媳妇是比较开放的，她则认为婆婆管得太多，一些亲密的动作都让婆婆生气。这样一来，双方便有了意见分歧，产生矛盾也是无法避免的。她们通过改变自己的做法，逐渐地，婆媳关系也自然就好了。

婆媳相处有妙招

1. 不在婆婆面前秀恩爱

我们可以理解媳妇的做法，同时也能够感受到婆婆的心思，但是婆婆毕竟是上了年纪的人，思想观念比较保守，对于现代人那种无所顾忌的行为很看不惯，但是在年轻人看来，这是无可厚非的行为和做法。因此，年轻的媳妇，无论你有多么开放，和丈夫有多么恩爱，要照顾到老人的情绪，千万别在自己婆婆的面前大秀恩爱，也不能做出太过于亲密的动作，一旦婆婆无法忍受，就很容易将怒气撒在自己的身上，这样就会显得得不偿失了。

2. 督促丈夫多与婆婆亲近

聪明的媳妇都知道，自己不仅不应该在婆婆面前与丈夫秀恩爱，而且还应多督促丈夫与婆婆见面，多抽时间陪陪婆婆。因为当你嫁给丈夫后，丈夫会经常陪在你的身边，难免会忽视婆婆。这必然会使婆婆有些失落。如果你能经常督促丈夫，让其与婆婆多见面多亲近，减轻婆婆心中的失落感，婆婆肯定会感激你的。这样一来，婆媳之间的关系会变得更好。

让婆婆相信你们的爱情

对于婆婆来说，看到儿子领回来媳妇，开心之余必然也会有很多的担心，担心媳妇的品行不好，不懂得孝顺公婆，不够爱自己的儿子，或者是儿媳妇愿意嫁给儿子是因为看中了自己家里的条件，或者还会有其他的目的。

陆某和梁某是一对 80 后小夫妻，他们的爱情经历了很多的波折，但是最终还是跨越一切艰难险阻走到了一起。他们的婚礼是在缺少婆婆祝福的情况下进行的。陆某是个很典型的"凤凰女"，虽然在城市里有了自己的事业，但是终究还是因为出身农家而受到梁某父母的歧视，并且梁某的妈妈一直都觉得陆某不是因为爱自己的儿子才和他结婚的，只是纯粹想过上富人的生活，想要迈入有钱人家做"少奶奶"，因此，他们的爱情一直都得不到梁某妈妈的同意。最后，他们两人便私定终身，在教堂举行了简单的婚礼。

结婚后，陆某当然没有和公婆生活在一起，也没有拿梁某家里一分钱，他们在外面租了房子，过起了属于他们的生活。梁某从小养尊处优惯了，刚开始无法适应清贫的生活，没有车子，没有大房子，两个人的那点儿工资还不够他以前一顿饭的花销，但是，看到陆某那么乐观，更重要的是，他们彼此深爱着对方，梁某就学会了忍受，学会了和陆某一起去大排档、小餐馆吃饭，一起挤公交车上班，日子也过得有滋有味。

　　期间有好几次，梁某的妈妈去找他们，看见儿子过着如此清贫的日子，她心疼，要给儿子钱，但儿子不要。一次，梁某妈妈无奈之下将陆某约出去，准备劝说陆某和梁某离婚，并承诺如果离婚她会给陆某一大笔钱。她对陆某说："你现在的目的达到了吧，和我儿子结婚，你不就是为了拿到那一份财产吗？现在我给你，但是，你必须和梁某离婚！"陆某很冷静地说："我不要您的钱，我可以自己赚钱养活自己，我并不是您想的那种为了钱而牺牲自己婚姻的女人，尽管我家很穷，但是，我也有尊严，请您尊重我，并且，我再告诉您一次，我是真的爱梁某！"渐渐地，梁某的妈妈对陆某的态度也有所改变，她看到了陆某身上的许多优点，而且，她觉得，或许真的是自己误会陆某了。

　　随后的日子里，梁某妈妈一直注意和观察着陆某。不久后，她每个月都会收到陆某寄给她的钱，那是陆某从她和梁某的生活费中省下来的，没有多少钱，她只是在告诉梁某的妈妈，他们自己有手有脚，可以自食其力，而且，她自己能赚钱养活自己，甚至还可以贴补家用。这样一来，梁某的妈妈逐渐消除了对陆某的误会，接纳了陆某。

人们常说："一入豪门深似海。"现实中的确有许多女孩子都愿意嫁入有钱人家，不为爱情，只为金钱，但是，我们结婚过日子还是要崇尚爱情，相信爱情。当然，做婆婆的也不能"一竿子打翻一船人"，对于儿媳妇的选择和考验，也要从多方面进行，并非所有嫁入有钱人家的女孩都是因为钱。

婆媳相处有妙招

1. 用技巧让婆婆明白你的心

做媳妇的，开始一段婚姻一定要有足够的心理准备，尤其是要针对婆婆做好功课，不管是嫁入有钱人家还是普通家庭，当婆婆对自己是否爱她的儿子有所怀疑的时候，一定要学会用点技巧，让婆婆明白，你不是为了钱，也不是为了其他目的嫁给她儿子的，完全是因为爱，这样，婆婆肯定会开心，婆媳关系也会更加和睦。

2. 消除婆婆的顾虑

也许婆婆都喜欢用自己的方式去保护家庭和儿子，喜欢为儿子铺设一条光明的道路，并且把道路上所有的障碍物都清扫干净，尤其是在对待儿媳妇的问题上，更加挖空心思、处心积虑，总是觉得儿媳妇就是来和自己抢儿子的，要么，就认为儿媳妇嫁给儿子是别有目的的。假如遇到这样的婆婆，做媳妇的就要多花点心思，让婆婆知道，自己和丈夫结婚，不是有其他目的，更加不是因为看上了他的钱，就是纯粹地因为爱他，只要消除了婆婆的顾虑，你才可以和婆婆更好地相处，之后的日子也才能过得更好。

领着孩子常回家看看

　　媳妇想要与婆婆建立良好的关系，除了要了解婆婆的习惯和喜好之外，还要懂得从婆婆的立场去考虑问题，学会包容与谅解，付出真心去关心她，即使是偶尔一次的逛街或是聊天，也会让她倍感贴心。相信真诚的爱同样会换来真诚的回应，媳妇为了家庭做出的努力一定不会石沉大海，婆媳的感情也会越来越融洽。

　　陆某的妈妈是个非常难缠的人，这一点是出了名的，没有人不知道这位辣妈的泼辣和厉害。说起来，陆某的妈妈也挺可怜的，年轻的时候就失去了丈夫，一个人把儿子拉扯大很不容易，这当中的酸甜苦辣只有她自己最清楚。十几年来，她一个寡妇带着一个孩子，到处受人的欺负和刁难，因此慢慢变得很强大，也因此，她"辣妈"的名号变得响亮起来。

　　自从儿子娶了媳妇之后，街坊邻居对这对婆媳的相处抱有很大的看热闹心态，因为他们都坚信，凭辣妈的劲头，肯定会将媳妇整治得服服帖帖，说不准没几天就给气走或者赶走了。其实陆某以前也谈过一个对象，但对象是第一次见辣妈，就被辣妈给气走了，所以，大家都为现在的儿媳妇捏了一把汗。也有人会觉得，当代的儿媳妇都不是好惹的，如果辣妈的儿媳妇比辣妈更泼辣，那这戏就更好看了。街坊邻居都拭目以待。但是，儿媳妇进门一年多了，大家一直没有听到婆媳两人吵架，在失望之余难免有点好奇，于是，大家专门找了一个和辣妈关系不错的人去打探消息。一打探才发现，辣妈和儿媳妇不仅没有任何矛盾和吵闹的迹象，反而相处得很好，那人趁着辣妈一个人在家的时候，细细地问了缘由。

原来辣妈尽管泼辣，但面对这个懂事乖巧的儿媳妇，也变成"甜椒"了。辣妈说起儿媳妇，那可是百分之百的满意，夸赞儿媳妇不仅温柔善良，对自己的儿子好，更难得的是，儿媳妇能用心关心辣妈，平时辣妈吃穿用的都是儿媳妇亲自操持，而且儿媳妇也能理解辣妈这些年的辛苦，只要是自己能做的就都做了，一旦闲下来，就陪辣妈聊聊天。辣妈一个人总会感觉到孤独，以前儿子没有娶媳妇的时候，因儿子在外地工作，也没有充足的时间陪她聊天，她自然感觉到很寂寞。现在，儿媳妇每次看到婆婆一个人的时候，总会过来找些话说，要么就陪婆婆看电视剧，这样的儿媳妇，辣妈当然只有喜欢的份儿，又怎么会为难她呢？大家知道了辣妈变"甜椒"的原因，也更加佩服这位儿媳妇了，能做到这些，的确不容易，尤其是对像辣妈一样的婆婆。

其实，对于陆某的媳妇而言，能将这位辣妈婆婆变成"甜椒"，确实不容易，可见，她不仅花了许多心思，也付出了许多艰辛。大家都清楚，老人和年轻人之间因为年龄的差距一般都很少有共同的话题，而且，有几个年轻人愿意将时间花在老人身上呢？又有几个媳妇愿意陪着婆婆看那些无聊的电视剧呢？但是陆某的媳妇做到了。她能站在婆婆的立场上为婆婆考虑，所以，再难缠、再泼辣的婆婆，也会对她心怀感激，她自然也成了婆婆心目中的好媳妇，得到婆婆的真心夸赞。

婆媳相处有妙招

1. 多为对方着想

不管是婆婆还是媳妇，都希望得到对方的谅解和迁就，也希望得到对方的尊重和爱，双方都希望对方付出的更多一些，这样的心理往往是婆媳矛盾的祸根。其实，婆媳之间，试着多为对方着想，多付出自己的努力，多点奉献精神，多关心一下对方，少点苛责和要求，相信婆媳会相处得更好，关系也会更加融洽。

2. 做媳妇的，多拉拢婆婆的心

大多数时候，媳妇遇到的并不都是恶婆婆，无论遇到哪一种类型的婆婆，最主要的就是看媳妇怎样做。如果遇到了难缠的婆婆，媳妇就应当有足够的耐心和韧性，不要和婆婆硬碰硬，要了解婆婆的心思，用自己的真心和诚心去打动婆婆，缓和婆媳之间的关系。假如遇到小心眼很爱计较的婆婆，就要学会用一些好处去拉拢婆婆。当然，做媳妇的，平时要多学着去哄哄婆婆，多一点奉献的精神，多关心一下婆婆，一定会有意想不到的收获。

交心也是一种关心

通常，婆媳之间是有心灵隔阂的，婆媳本身就存在着一种抵触的心理，怀着各自的心态，有些话不想也不方便和对方倾诉。这两个原因，最终导致了婆婆和媳妇之间没有话说，感情也变得淡漠。事实上，想要和婆婆进行心灵对话和情感交流，也并非难事，只要可以做到以下的几点，就能在媳妇和婆婆的心里架起一座沟通的桥梁。

媳妇要心怀感恩的心，任何人之间的隔膜，都是因为彼此之间不够真诚，心有芥蒂和顾虑，有所保留，结果，双方都有这样的想法，造成了各自半掩着心门，或者干脆就关闭心门，将对方隔离在心门之外。俗话说，"精诚所至金石为开"，你只要肯用真诚的心去对待对方，那么一定会得到积极的响应，但前提是要看你是否坦诚和率真。

聪明的女性一定要常怀一颗尊重之心。人都是有被尊重的情感需求的。人和人之间之所以互相提防、互相戒备，往往就是因为怕敞开心扉之后，对方窥视到自己内心的虚弱、恐惧、自卑、屈辱等隐私而贱视、鄙视或者嘲笑自己。那种伤害自尊的事情，是每一个人心里都害怕的。所以，一个聪明的媳妇一定要常怀一颗尊重之心，打心底里去尊重自己的婆婆，纵使婆婆有什么样的隐私，哪怕是见不得人的往事，只要她能开诚布公地跟你聊，你就不要嘲笑，也不要表露出任何的不恭。要切记，这种情况下你的任何一点鄙夷的神情，都可以触动她敏感的神经，将已经打开的心门迅速关闭，从此也许再也无法开启。尊重是相互的，只要媳妇肯尊重婆婆的隐私，那么婆婆自然也会尊重你的情感。

与婆婆进行情感交流是要讲求方法的。一般情况下，要以倾听为主。上了年纪的婆婆一旦打开话匣子，往往会说个没完没了，有时候会词不达意，甚至东扯葫芦西扯瓢，这时候你不要表现出不耐烦，而是要认真聆听。还有，媳妇一定要在婆婆诉说的时候，多给予肯定的回应，尽量不要提出针锋相对的意见来打断她。轮到媳妇说的时候，也要尽量说到婆婆关心的事情上，比如自己对丈夫的看法，对儿子教育上的困惑。聪明的女性还有所避讳，那就是尽可能不要谈及自己以前情感方面的事情，尽可能不要牵涉到自己的异性朋友。

所以，如果打算和婆婆处理好关系，聪明的女性一定要认识到与婆婆进行感情交流是非常重要的。不单单是婆媳之间，其实在这个世界上，人和人之间都需要情感的交流。人都是需要倾诉的，都有倾诉的欲望。虽然如今随着交通工具的发达，也随着通信工具的发达，天涯海角都可以一线牵，电波可以让两个人天涯咫尺，但是，却不能让两个面对面的人心与心相互交融，心灵与心灵之间往往会咫尺天涯。在与婆婆相处时，感情交流显得尤为重要。所以，聪明的媳妇总会思考怎样与婆婆达成心与心的沟通交流，心与心相通了，还有什么能够阻碍婆媳关系的融洽与和谐呢？

婆媳相处有妙招

1.用心灵沟通占领婆婆的心

想要搞定婆婆，最厉害的杀手锏，就是占领她的心。想要占领她的心，自然是要寻找有效的心灵沟通方式。聪明的媳妇会在这方面下功夫。心灵的沟通，可以让婆媳关系发展为知己的关系，这是非常可贵的。

2.让婆婆将意见写出来

有的时候，婆婆对媳妇在某些方面的做法有些不满，但又不好意思当着媳妇的面说出来。面对这样的情况，聪明的媳妇会怎么做呢？答案很简单，聪明的媳妇会制作一个意见本交给婆婆，让婆婆把对自己的看法都写出来，每周定期查看一次，并且努力地改正婆婆所提出来的缺点与不足。

偶尔向婆婆撒撒娇

在和婆婆相处的过程中，并非一定要那么死板，那样会显得婆婆和媳妇之间的关系过于正式，也过于严肃。其实，适当的时候，跟老人家撒个娇，反而会将婆媳的关系搞得充满人情味，一些不太容易沟通的事情也可以迎刃而解。

有这么一个媳妇，在生活当中就很喜欢用撒娇的战术。

她很喜欢包包，家里已经买了各种各样的小包，在家中，这样的小包已经不仅具有实用价值，更起到了装饰家的作用。她的婆婆对这件事情颇有微词。婆婆对自己的儿子说："你管管你媳妇吧，她买那么多包干吗？一个两个够用就可以了，这真是太浪费了！"后来丈夫将老人家的意见委婉地转达给了媳妇，媳妇先是觉得不可思议——买包是花自己的钱，你说一个老太太你管那么多干吗？她一开始准备不理不睬，可后来一想，这可不是解决婆媳关系的好方法。于是，她还是主动出击了。

媳妇采用的就是撒娇战术。她和婆婆开诚布公地说起了自己的这个爱好，说自己就是喜欢这件事情，她挎着婆婆的胳膊，像个小女孩一样，拉着婆婆从这屋走进另一间屋，让她看墙上、角落里、隔断上装饰的那些奇形怪状的、大大小小的包，并不失时机地进行点评，说："妈，您看看，这个小家用这么多小包进行装饰，多漂亮啊！多有创意啊！我的很多朋友都很羡慕我，说我是一个富有创意的人，不仅节省了钱，并且出门时还可以随手取一个，既方便又实用，还可以起到装饰作用，简直是一石三鸟。妈，你不觉得这样挺好吗？"老太太开始提出反对意见，可在儿媳妇的甜言蜜语下，早就有所动摇了，后来也就慢慢接受了这个事实。

之后，媳妇又同时喜欢上了一款珠珠女士斜挂小包和一款真皮单肩斜挎包，她就拉着婆婆出门去，直接奔向柜台，挽着老太太的胳膊，像撒娇的小女孩一样，告诉婆婆："我可喜欢这两个包了。如果挂在卧室的门后面，实在是漂亮极了。妈，您说我买不买呀？我怕您不高兴，才让您来给我拿个主意。您要是不高兴，怕我乱花钱，那我可以不买。"老太太哪里缠得过去，只好摇着头但微笑着答应了她，并且说："以后这事儿啊，你别问我了，自己拿主意就是了。弄得我很强势似的。我不该管这么多闲事。"

就这样，媳妇在这件小事上取得了胜利。

其实，聪明媳妇在与婆婆相处的时候，是有许多机会可以用撒娇的战术来搞定的。比如，你和丈夫闹小矛盾了，明明是你自己的不是，但你也可以采用撒娇战术去寻求婆婆的支持，让婆婆来教训他儿子，只要你娇撒得好，当婆婆的才不管是不是儿子的不是，肯定是要去教训一番的。你让丈夫做了冤大头，还要进行调解："妈，看在我的面子上，就饶了他吧。哼！以后看你还敢欺负我。现在我和咱妈可是一伙儿的！"这娇撒得，可以说是既解决了和丈夫之间的矛盾，又融洽了婆媳关系，可谓一举两得。

婆媳相处有妙招

1. 撒娇不可太过频繁

和婆婆撒娇，不可以太过频繁，因为频繁的话就会让婆婆觉得你很娇情，这样会让人产生厌恶感。因此，偶尔的撒娇就可以了，太过于频繁会适得其反。

2. 撒娇也要有品位

当然，撒娇也不要太过分，虽然女人的招式有"一哭二闹三上吊"，但是那些都是没有品位的女性所为，作为有知识有修养的女性，撒娇也不妨有艺术一点，有品位一些。

3. 不可丢掉自己的尊严

在向婆婆撒娇的时候千万不要丢掉自己的尊严。那种无理取闹、歇斯底里的撒娇，只会让自己在婆婆面前的形象变成泼妇，丢掉威信，失去尊严。撒娇是和婆婆相处的一种轻型武器，但是杀伤力还是非常大的，聪明的女性一定要善于撒娇，而且还要撒出艺术，撒出和睦。

特殊日子送去问候

随着年纪的增长，婆婆对很多事情都会特别在意，尤其是一些很有纪念性的日子。因此，聪明的媳妇，就要对婆婆进行多方面的深入了解，记住她在意的一些特殊的日子。

有这样一个婆婆，非常坚强。在一次车祸中她的右腿被撞骨折了。医生判断说，能甩掉拐杖的可能性很渺茫。但是她不肯屈服，并且一直坚持科学锻炼，通过自己不懈的努力，终于可以甩掉拐杖，行走如初了。从那以后，每到她甩掉拐杖的这个日子，她的儿媳总要炒一桌子好菜，把全家都召集在一起庆祝。每次，媳妇都会特别兴奋地对婆婆说："妈，我真的佩服您，万万没想到您可以通过自己的努力彻底将拐杖甩掉！这些年，每当我遇到困难和挫折的时候，我都会想起您甩掉拐杖的事情，于是我咬咬牙就挺过去了。妈，之所以我每年的这个日子这么做，就是为了让我们大家都感受到您的意志和力量。"

这是媳妇设立的一个特殊的纪念日，结果不但鼓舞了全家人，也让婆婆心生感动。

除了婆婆自己的生日，公公的生日，还可以记住一些其他对婆婆来说重要的日子，比如婆婆母亲的生日或者祭日，婆婆结婚的日子，婆婆人生最辉煌的时刻。在那些婆婆所在意的特殊日子里，你能以恰当的方式有所表示，那么，婆婆会感到惊喜。比如在婆婆结婚纪念日的时候，本想只会得到自己丈夫的祝福和庆贺，可是，万万没有想到儿媳妇居然也记着这个日子，并送了礼物，说了祝福的话。这样一来，老人家会感觉到你对她的爱。如果没有爱，儿媳妇怎么会了解和记住自己的结婚纪念日？又怎么会特意前来祝贺？

婆媳相处有妙招

1. 建立一个日记本

作为媳妇，记住婆婆在乎的日子的重要性是不言而喻的，问题的关键是如何才能记住那些名目繁多的日子呢？聪明的媳妇不妨建立一个日记本，将你所了解到的这些日子，清晰地记录下来，并且标注上这些日子的由来、意义等。平时，媳妇要多拿出来翻看翻看，以免错过了这些日子。

2. 当天缺席可以事后弥补

如果媳妇因为重要事情而不能与婆婆一起过某个重要日子，那么应该怎么办呢？是先处理重要事情而不管婆婆，还是守在婆婆身边而不管重要事情呢？对于这两种做法，聪明的媳妇都不会选。聪明的媳妇会事先与婆婆解释情况，事后再给婆婆补过，或者利用其他的方法与婆婆一起纪念。相信，任何一个明智的婆婆都不会怪罪媳妇的，反而会为媳妇的周到考虑而感动。

对婆婆的坏习惯要宽容

这世上的每个婆婆都会有一些坏毛病。对于媳妇来说，毕竟和婆婆是两个年代的人，成长背景不一样，受到的教育不同，生活观念自然也就不一样，生活习惯更加千差万别。因此，在媳妇的眼里，婆婆总是会有很多的习惯和观念和自己的想法有冲突。这些有冲突的因素，在媳妇的眼中都成了"坏习惯"。

媳妇在和同事聊天的时候，列举了婆婆很多的坏习惯。她说婆婆几乎到处都是坏习惯，比如吃饭的时候声音特别大，总是吧唧嘴；将掉在桌子上的米粒，甚至是掉在地上的米粒捡起来吃掉，并且还说掉了多可惜啊。要知道，掉在地上的米粒会粘着许多尘土或者别的脏东西，就这样吃掉，多不讲卫生啊！虽说这是节俭，但是这样的习惯却并不好，有时候孩子在旁边的话，接受她勤俭节约的传统教育的同时，不还得接受她不讲卫生的坏习惯吗？

另外，婆婆在农村待惯了，以前都用露天厕所，可现在在儿媳妇的家里住，用的是室内厕所，让人无法容忍的是，老太太去洗手间竟然不习惯关门。不关门的时候，在客厅里都能听到她小解的声音，让人非常难为情。即使关了门也不插上门闩，结果媳妇在不知情的情况下一推门，看到婆婆在里面，弄得双方都很尴尬。婆婆还特别不讲卫生，居然将手伸进鞋子里去挠痒痒，然后连手也不洗就抓瓜子吃；在家里也不注意保护自己的隐私，洗完澡就穿个三角裤头在房间里走来走去，买睡衣也不穿，还说这么大把年纪了，没有关系啦……

媳妇一口气就罗列了婆婆十几条坏习惯。如此看来，婆婆的坏习惯多得不胜枚举。婆婆有坏习惯，这是客观存在的事实，问题是做媳妇的应该如何应对婆婆的这些千奇百怪的坏习惯呢？

婆媳相处有妙招

1. 宽容对待婆婆的坏毛病

我们都知道，农村人的生活都没有太多的讲究，尤其是婆婆这一辈的农村人，其身上可能存在着一些坏习惯。面对这种情况，作为媳妇要多体谅一下婆婆，宽容地对待婆婆，不要因为婆婆的坏习惯而对婆婆大喊大叫。

2. 帮助婆婆改掉陋习

当看到婆婆有一些坏习惯的时候，自然是要晓之以理，动之以情，努力让婆婆将这些坏习惯改掉。比如，媳妇可以委婉地告诉婆婆，在家里去洗手间小解的时候，一定要将门关好。这样保护了自己隐私的同时也是对别人的尊重，尤其是有客人在的时候，同时也是对客人的尊重和礼貌。当你和婆婆这么开诚布公地将现代的生活习惯讲清楚，她自然也就容易接受，在以后的生活中，她也会时刻记着自己的行为，一些所谓的陋习和坏习惯也就能彻底地改掉了。

大事小情多请示

在很多媳妇的心中，婆婆并非自己这个小家庭中的主人，因此，自己家的事情一般都不希望婆婆来插手或者插嘴。假如婆婆从中插了一嘴，或者干涉，那么媳妇就会觉得自己的主权受到了侵犯。正是这样的心理，导致婆婆和媳妇之间为了各自的主权而经常发生"战争"。

一名中学女教师，与婆婆相处的时候，她总是爱大事小情地都问问婆婆，请婆婆给拿拿主意。有一次，上二年级的女儿回来要书费，说学校推荐她们订阅一份儿童故事报，要180元钱。本来，这么小的事情这位媳妇自己做主给钱就可以了。但是，她并没有那么做，而是给婆婆打了一个电话，告诉她说："妈，您孙女今天要180元钱去定什么儿童故事报。您说我到底给她订还是不订啊？其实我觉得，平时您给她讲的那些故事比故事报上的都好。我不是心疼那几块钱，我是觉得故事不都是人写的吗？您平时给她讲的那些，整理整理要比故事报上的来得实在。"婆婆那边就很谦虚地说："我那叫什么故事呢？孩子既然要订，就让她订呗。"媳妇就说了："那行。我主要是想听听您的意见。不过，我还是觉得，这故事报来了之后啊，还是由您给她讲着听更好。她经常说，最喜欢听奶奶讲故事了。嗯，那好，那我就给孩子订上了。"

你看看，就这么一点小事情，经这么一请示，反而会让老太太既受到了尊重，又得到了赞美，还接受了媳妇的开支，可谓一石三鸟，效果极佳。

诚然，多请示婆婆是有好处，但也并不能事事都要请示。鸡毛蒜皮的小事情都要问她，也会将她给问烦了，让她觉得这个媳妇怎么这么不省心呢？一点主心骨也没有！另外，凡事都要请示，也很容易形成依赖心理，也是不妥当的。聪明媳妇总是请示得巧，请示得妙，于请示中融洽了与婆婆的关系，加深了两人之间的感情。

婆媳相处有妙招

1. 采取主动出击的办法

媳妇可采用主动出击的办法。你不是爱干涉我的事情吗？你不是很关心我们家的事情吗？与其让你在一旁干着急，指指点点，横加干涉，还不如给你更多的参与机会，让你参与进这个小家庭的事务中来。

2. 多听听婆婆的建议，尊敬婆婆

日常生活中，多向自己的婆婆请示一些事情。你请示

老人一些事情，听一下她的建议，是有很多的好处的。因为老人大多都是经验之谈，俗话说"家有一老如有一宝"，老人的经验对你的帮助可能出乎意料得大。虽然你并不一定真的要按照婆婆的意见来，但是最起码你能让她感觉到你尊重她，你的心里有她，你尊敬她了，她也就会尊敬你。

第四章
找准婆媳冲突缘由，家庭和美不用愁

互相指责矛盾生

民间有句俗话说："婆婆背个鼓，背后说媳妇；媳妇提面锣，人前说婆婆。"婆媳之间本没什么大是大非，往往就因为一点鸡毛蒜皮的小事而彼此向周围的人喋喋不休，结果往往激化矛盾，自己过不好日子，也被别人笑话。所以，婆媳之间有了矛盾要尽量大事化小，小事化了，不要"家丑外扬"。

林某嫁到婆家也近三年了，虽然婚后和婆婆分家过，但是依旧在一个院子里居住。她们之间经常会因为家务琐事而发生争吵，矛盾逐渐加深。

有一天，林某下地回来，看见婆婆正在村头和一些街坊邻居聊天，邻居们一看见她走近了，马上便停住不说话了。这时候，林某便猜想，有可能是婆婆正在对他们诉说自己的"恶行"，因此她当天晚上便去找其中一位邻居，一打听，事情果然和自己想的一样。林某回家以后，气得一个晚上都没有睡觉。

第二天一大早，她便趁着婆婆出门拿柴火的机会，到婆婆的屋里，将准备好的老鼠药倒进了婆婆的酱油桶里。

婆婆吃了这些含有老鼠药的饭菜后，出现了头晕恶心、心慌无力的中毒现象。在被邻居发现之后，婆婆被送到了医院，后来经过全力抢救才终于脱离了危险。

林某为了逃避罪责，在婆婆被送往医院时，故意把掺有老鼠药的饭菜倒入自己的饭碗内，造成自己也中毒的假象，结果还是没能逃脱公安人员的眼睛。

俗话说："三个女人一台戏。""有女人的地方，笑声多；有婆姨的地方，是非多。"不要说那些好不容易熬成婆的老太太聚在一起，谈的话题总是离不开议论儿媳妇的长短，就是那些迈进丈夫家多年的年轻女性，有空聊天的时候，也不免把聚会变成声讨婆婆的大会或者诉苦的大会。可是这样只能让矛盾越积越深，不但无助于解决问题，而且还会使矛盾更加尖锐。中国民间有这样一句俗语："捎话越捎越多。"说的就是"传话"在人际关系中的不良作用。婆媳失和，向亲朋邻里诉说，传来传去，面目全非，只会加剧矛盾。作为婆媳，应引以为戒。

婆媳相处有妙招

1. 多和婆婆开诚布公地交流

每个家庭都有隐私，无论婆婆还是媳妇都有维护家人秘密的义务。正如俗话所说的"家丑不可外扬"，婆媳之间有了矛盾要开诚布公地交流、沟通，这样才能解决问题。同时，婆媳之间要懂得相互谦让。

一般而言，年龄越大，社会适应能力越差，要老人改掉几十年形成的习性很难，做媳妇的懂得这一点非常重要。婆媳间有了隔阂，尤其是口角之后，作为长辈的婆婆为了面子一般不会主动向媳妇表示和解。这时，做小辈的媳妇最好能风格高一点，主动打招呼，这样隔阂便可烟消云散了。

2. 以冷静和沟通处理隔阂

如果你的婆婆是个喜欢向外人讲述家中不宜外传的事情的人，喜欢向外数落你的不是和自己受到的种种委屈，这必然会对你的外在形象造成损害。所以，你对婆婆的多嘴多舌也必然很不满意。但是作为一个好的媳妇，这个时候你就需要冷静对待。假如说你也像婆婆那样向外人数落婆婆，这些话传来传去，到最后只会令婆媳之间的矛盾越来越深，对于改善婆媳的关系是非常不利的。

所以，你应该在婆婆高兴的时候，主动向婆婆提出你自己的看法，同婆婆交换意见。假如不方便，那么可以请丈夫去做，多通过母子之间沟通，会减少很多的隔阂，婆媳之间自然而然就像什么都没有发生过那样融洽了。

全职主妇引来婆婆不满

现在，在农村，有的媳妇开始上班，有了自己的收入；有的媳妇却仍然待在家里，做全职的家庭主妇。对此，婆婆们的看法是不一样的。有的婆婆因为媳妇不上班，就对媳妇产生了意见，怎么看媳妇，怎么都觉得不顺眼，于是，婆婆与媳妇的"战争"拉开了序幕。

孙某嫁到王家已经有4年多了，与婆婆的关系处得非常紧张。婆婆有事没事就会找茬，训斥孙某一顿，而且还总是说孙某待在家里不干活。这让孙某非常头疼，也非常无奈。

想当初，孙某嫁过来没多久就怀孕了，十月怀胎后生了一个大胖儿子。全家人都非常高兴，对孙某与孩子极好。婆媳处得很不错。但是，随着孩子不断长大，婆婆与孙某的关系开始变得冷淡了，尤其是在孩子上了幼儿园后，婆婆更是看孙某怎么看怎么也不顺眼。这是为什么呢？

原来，孙某的婆婆嫌孙某待在家里不工作，全家都靠她儿子一个人挣钱养活。婆婆觉得，现在小孙子都上幼儿园了，孙某就应该出去上班，帮家里分担一些，整天待在家里像什么话？

但是，孙某自从嫁到王家后，就没有上过班，而且农村的工作也不是那么好找，再加上丈夫挣的钱也不少，完全够养活这个家，所以，孙某觉得自己还不如在家里帮着照顾孩子老人呢。

就是因为孙某不上班，婆婆总是对她百般刁难，孙某也非常生气，所以，婆媳俩动不动就吵架，弄得家宅不宁……

故事中的媳妇孙某，因为不上班引起了婆婆的不满，婆婆对她百般刁难，最终导致婆媳不和，家庭不睦。所以，作为媳妇，在上班不上班的问题上，一定要谨慎地处理，否则很容易引起婆婆的不满，致使婆媳关系紧张。

婆媳相处有妙招

1. 能出去上班就去上班

如果你有上班的机会，而且你的婆婆也嫌弃你在家待着不上班，那么你还是出去上班吧。聪明的媳妇不会因为这个原因而与婆婆争吵不断。试想一下，你每天出去上班，婆婆会把家里的一切都照顾得好好的，而且还会对你和颜悦色，你又何乐而不为呢？

2. 暂时不能上班，要与婆婆沟通好

如果婆婆嫌弃你不上班，但是你一时半会又找不到合

适的工作，那么你应该与婆婆沟通好，向婆婆说明你没有遇到合适的机会，同时，也可以让婆婆帮着寻找工作。如果你真的不想去上班，而且家里也不需要你出去挣钱，那么你要私下里与婆婆好好交流与沟通，说明你的想法。必要的时候，你也可以请丈夫帮忙。

节俭不能忘，花钱有妙招

一般情况下，婆婆主见强，她们节俭，是几十年捉襟见肘的清贫生活所留下的印记，如果媳妇直接劝她们"想开点"，该花就花，往往很容易引发无数的争论和闲话，甚至还会被婆婆指责是"大手大脚，不会持家的败家子"。

孙某是一个十分勤俭刻苦的女人。她的衣柜当中只有几件穿了几十年的旧衣服，甚至比留在垃圾堆供人捡拾的旧衣服还破旧。切菜用的菜刀或是炒菜的铲子连柄都没了，还用布包起来继续使用。

一晃十几年过去了，孩子大了，娶了媳妇，孙某坚持要与年轻夫妻一起住，好关心照顾他们。刚进门的媳妇，也懂得要孝顺公婆。看到婆婆如此省吃俭用，做媳妇的也常常自觉地减少生活开支。但是有时候看到婆婆节俭到有点走火入魔的地步时，媳妇就很想掏自己的私房钱买新的用具送给婆婆。

于是媳妇就在一些传统节日，如端午节和春节，以及婆婆生日的时候，买婆婆爱吃的平日又舍不得吃的菜，以及一些厨房用具、式样新颖的老年服装作为礼物送给婆婆，没想到换来的却是一次次劈头盖脸的批评。

媳妇几次送礼给婆婆之后，不但没落好，反而被婆婆一顿数落，自己出力不讨好，于是气愤不已，从此对婆婆的一切都不闻不问，仿佛是这个家的客人一般。

其实生活中有很多像孙某这样收到礼物不懂得道谢，还反过来教训媳妇的婆婆，可是要改变婆婆的消费观念，也是很难的，因为婆婆的观念是数十年来养成的，积重难返。面对这种婆媳消费观念的大碰撞，聪明的媳妇就必须对症下药，巧妙医治婆婆的"顽疾"。

陈某是个很节俭的老太太，特别在穿衣问题上，她仍固守着老一辈人"新三年，旧三年，缝缝补补又三年"的传统观念，而她的儿媳妇作为新时代的女性，虽然生活在农村，但因为生活条件好了，所以在穿衣打扮上，有时难免会追求新潮和时髦，因此婆媳两人经常会为媳妇买衣服而闹不愉快。婆婆觉得媳妇花钱大手大脚，不会过日子，媳妇当然不肯认同婆婆的观点，于是两个人各执一词，谁也说服不了谁。每次媳妇买了新衣，婆婆都有一番长篇大论的艰苦朴素教育，让媳妇恨不得在新衣上剪几个窟窿、打几个补丁再穿出去。媳妇也曾极力向婆婆阐述自己的想法，换来的却是婆婆不快的神情。

可是对媳妇来说，衣服总是要买的，矛盾却不能长期存在，既然不能硬碰硬地斗勇，儿媳妇想到了"斗智"。别说，在长期的实践中，儿媳妇还真总结出了几项行之有效的"策略"。

婆媳相处有妙招

1. 给新衣服"降价"

儿媳妇每次买新衣服，婆婆都很关心衣服的价格，以前儿媳妇总是态度诚恳地如实汇报，婆婆的反应是："那么贵，可以买好几斤肉了。"这是婆婆常用的换算法。后来，儿媳妇在向婆婆"汇报"时就学会了变通，给衣服的真实价格打折扣，直降到一个婆婆可以认同的价格，这样就会极大地降低婆婆的不满程度。

2. 运用"天上掉馅饼"的花招

每当婆婆质疑儿媳妇的新衣时，儿媳妇会痛快地告诉她："我妈妈给买的"或"妹妹送的"抑或"朋友送的"……因为是免费的，婆婆也就不会多说什么。不过这一招不能多用，因为天上往下掉馅饼的事多了，就会让人怀疑，偶尔用之，却也能解燃眉之急。

3. "贿赂"法

可以说没有女人是不爱美的，这不以年龄为界限。婆婆不是不爱美，只不过是她更注重节俭，基于这一点，儿媳妇每次给自己买新衣时，都不要忘记给婆婆捎上一件。衣服拿回家，婆婆口里虽是埋怨儿媳妇"乱花钱"，脸上却是掩饰不住的笑意。这时，婆婆往往会因儿媳妇的心意而忽略了她的"浪费"，而这种情况下婆婆的批评也往往是和风细雨的，没有杀伤力。

自从用了这几招之后，儿媳妇和婆婆就很少再因为买新衣服的事而伤和气了，可以说这个儿媳妇真得很聪明，在不伤害彼此的前提下，将矛盾降到了最低限度。

重男轻女已是老黄历

重男轻女是很多家庭中常见的问题，因为婆婆有着老一辈传统的思想，觉得男孩就是好，男孩是家里的根，女孩养大之后就会成为别人家的人，俗话说"嫁出去的姑娘，泼出去的水"。婆婆的重男轻女思想也是从此而来的。其实生男生女都是自己的孩子，因此婆媳之间应该针对男孩女孩的问题提前商议好，以免孩子出生后，因为性别问题产生矛盾。

顾某和丈夫结婚差不多也有 4 年了，本来顾某的婆婆是一直都不和他们在一起住的，但是自从生了女儿以后，顾某便和丈夫商量着要把婆婆接来帮忙带一下孩子。

没住在一起的时候，顾某和丈夫偶尔还会回去看看婆婆，她和婆婆之间也没有过多的接触，彼此之间的相处很融洽。然而一旦住在同一个屋檐下，顾某才渐渐发现婆婆的厉害。

顾某发现，当丈夫在的时候婆婆对她很不错，又是帮忙做饭，又是帮忙带孩子，可当丈夫不在家的时候，婆婆就像完全变成了另外一个人，翻脸比翻书还快，对顾某指指点点，毫不客气。

　　顾某生了女儿后，自己在家和婆婆两个人一起带了十个月孩子才去上班。然而这十个月中，虽然有婆婆的帮忙，但实际上顾某累得要命，不仅要洗衣服、打扫卫生，还要买菜、做饭，婆婆不过是在她做家务的时候帮她看一下女儿而已。

　　有时候，顾某正在干家务，孩子哭了婆婆也不理睬。无奈之下，顾某只好停下手中的活去抱孩子。晚上孩子跟顾某一起睡，所以白天累得头晕眼花的顾某，到了晚上也睡不好，每天晚上都要醒来几次。

　　有时候孩子半夜哭了，要哄好几个小时才行！婆婆不喜欢女孩，她本以为顾某会给她生个大胖孙子，结果是个孙女，所以她平时很少抱孩子，只有在顾某的丈夫快要下班回来的时候才会把孩子抱在自己怀里。

　　顾某的丈夫一下班，婆婆就跟顾某的丈夫说自己带了一天孩子是多么多么累，然后又说是哪里哪里不舒服。顾某的丈夫很孝顺，一听妈妈这么难受，心疼劲儿就甭提了。顾某看在眼里，心里既生气又无奈。有时候，顾某的丈夫回来，婆婆还动不动就要哭，好像顾某趁丈夫不在欺负了她一样。

　　不管婆婆说什么，顾某的丈夫总是会相信，有些事，顾某真是有口难辩……

　　顾某跟丈夫说起这些事的时候，丈夫就是不相信，还说他的妈妈是个非常善良的人，要顾某平时多让着她点儿。丈夫不相信自己，顾某并没有生气，她知道丈夫不过是爱自己的母亲，孝顺自己的母亲，所以他相信母亲的话。她想了一个好办法，要让丈夫自己看到婆婆的真实情况。

有一次，婆婆吃完饭便又出去找邻居聊天了，这时候刚睡醒的孩子闹着要吃奶。顾某一边给孩子喂奶一边打电话给丈夫："老公啊，快回来，我要上厕所，今天闹肚子，孩子一放下就哭，非要抱着，可是抱着她我怎么去厕所呀？"

"妈呢？"顾某的丈夫在电话那边问。顾某说："妈说是有什么事，你刚走她就走了，你打电话找她，能回来就最好了。"过了一会儿，顾某又给丈夫打了个电话，告诉他不用回来了，事情解决了，顺便说，婆婆还没回来。

又过了几天，婆婆又去邻居家串门了，午饭时候顾某打电话给丈夫："老公啊，吃饭了吗？吃完饭回家一趟好不好，我还没吃饭呢，饿得慌。"

丈夫带着饭回来了，不见他妈妈自然要问。这次顾某郑重地告诉他，这不是第一次了，或许是老人家不喜欢带孙女。有了这么多次，顾某的丈夫心里对他妈妈有些看法了，还说要找他妈妈谈谈……

案例中顾某的丈夫心疼、孝顺自己的母亲，见不得母亲受到一点点委屈，以至于母亲说不利于媳妇的话，他也会轻易相信，没有丝毫怀疑。其实丈夫有这样的心理并不是他的错，媳妇应该给予理解，然后想办法巧妙"揭穿"婆婆的谎言。

婆媳相处有妙招

1. 选择合适时机，让丈夫看到"真相"

丈夫听他母亲的话，孝顺他的母亲，对于这一点媳妇应该表示理解，而不是一味地埋怨丈夫，指责他只听母亲的话而不相信自己。媳妇应该找一个合适的机会，让丈夫自己看到事情的"真相"。眼见为实，看到事实，他就会相信你所说的，这样就不会让家庭产生一些不必要的矛盾。

2. 与婆婆好好谈谈，帮助婆婆转变重男轻女的思想

如果你的婆婆因为你生了个女儿而不喜欢你，处处找你麻烦，那么你不妨找个适当的机会，与你的婆婆好好谈谈。你可以给婆婆讲讲现在国家的政策与男女平等的思想，多为婆婆说一些比较伟大的女性的事迹，让婆婆真切地感受到，女子也能顶起半边天，帮助婆婆转变重男轻女的思想，继而让婆婆喜欢上你的女儿与你。

孩子教育方法不同

没有孩子时婆媳相处就难，等有了孩子婆媳关系变得更复杂、更紧张。第三代子女的出生，往往成为婆媳关系恶化的分水岭。由于思想意识不同，两代人在教育孩子、照顾孩子的过程中难免发生碰撞，婆婆与媳妇之间"正面交锋"在所难免，原本和谐的家庭生活就会被打破，从而使家庭关系受到挑战。

周某的儿子是个虎头虎脑的小家伙，人见人爱，周某的婆婆尤其爱这个孙子。孙子已经五岁了，这期间周某的婆婆可以说倾注了大量的心血。当然，这期间周某也不知和婆婆为如何照顾孩子吵了多少次，两个女人原本都是为孩子好，但却常常闹得不可开交。

周某的婆婆是个非常固执的老太太，孩子还没出生，婆婆就准备了许多用旧衣服做的小手帕，而且洗脸的、洗手的、洗屁股的，都分得清清楚楚。还有清洗用的水必须是开水晾凉，不能掺半点生水，说那样不卫生。有时急着洗，周某掺了点凉水，她就跟周某急，唠叨个不停，烦得周某简直不知说什么好，只好说她老顽固。

　　还有一件让人头疼的事，就是当孩子生病时，婆婆一直坚信是药三分毒，不是病得昏睡不醒，她是决不准抱去就医的。可是小孩子发高烧父母能坐得住吗？孩子三个月大的时候，扁桃体发炎高烧不退，没有任何经历和经验的周某慌了手脚，抱着昏睡的孩子直觉得天要塌下来了。可是婆婆却说只要晾一晾，孙子就好了，说不过是因为天气太热的缘故，坚决拒绝儿子和媳妇送孩子去医院。

　　最后，没办法，周某不得不号啕大哭着从婆婆怀里抢走儿子，并连忙抱着孩子出门求人开车把孩子送进医院。到了医院，医生严肃地警告她们说，再晚来一步，孩子就要烧坏声带了，婆婆这才后怕得要命，从此一看孩子咳嗽流鼻涕，就赶紧问儿媳妇要不要给孩子吃药，要不要给孩子打针输液等。

　　经历了这件事之后，周某的婆婆原本很怕周某从此对自己有了怨恨，不让自己靠近孙子了，但是周某却认为婆婆正是出于对孙子的爱，才那样固执，所以为了她们共同爱着的人，她应该选择宽容，因此她对婆婆的感情仍然很深。

　　在农村，奶奶带孙辈是相当普遍的。对于如何教育孩子的问题，婆媳作为两代人，因为文化程度、修养、教育观念不同，往往会有不同的见解和做法，很容易在孙子或孙女的教育问题上产生矛盾。一般来讲，婆婆容易溺爱第三代的"小天使"，往往是媳妇要管，婆婆要护。因此，在家庭中，为此类分歧而发生争执的情况越来越多，婆媳关系越来越坏的事例更是屡见不鲜。其实婆婆爱护孩子，媳妇管教孩子都没有错，孩子教育要双方齐心协力才能有效果。

婆媳相处有妙招

1. 多鼓励和表扬婆婆为自己带小孩

婆婆能够帮助自己带孩子，已经是难能可贵的了，媳妇应该心存感激。即使有些地方婆婆做得不够好，作为媳妇也应该宽容一些，毕竟婆婆至少二三十年没带孩子了，出现失误是在所难免的。当婆婆帮媳妇带孩子时，应该尽量多表扬她、感激她做得对的地方，取得她的信任，然后引导她朝新的养育方式过渡。

2. 除了宽容还要学会沟通

如果发现婆婆有做得不好的地方，除了要有宽容心之外，还应找机会多跟婆婆沟通，跟婆婆讲应该怎么带孩子，而如果采取指责的方式，她们一般是听不进去的。过多的指责反而会使她们产生另外的想法："你丈夫就是我带大的，你还嫌我不会带孩子？""我辛苦帮你带孩子，不收你钱，你还嫌东嫌西，真是无理取闹。"婆婆觉得是媳妇不识好歹，很挑剔。如果站在她们的角度思考，其实有这样的想法也是人之常情。因此，儿媳妇必须学会沟通，用婆婆能接受的方式沟通孩子的问题。

婚姻中找准婆婆定位

　　许多父母考虑儿女的婚事时，常常将经济条件放在第一位，而把人品、感情基础等放在第二位。他们选媳妇时，总是喜欢身强力壮、能生育、肯苦干实干、能照顾一家老小的"干将"。

　　林某和周某是在省城打工时认识的，当时林某有一头乌黑亮丽的长发、一副苗条玲珑的身材，惹得许多小伙子对她垂涎三尺。在众多追求者中，周某并非拥有出色的条件，但他心地很好，总是替人着想，所以，林某选择周某应该是正确的决定。然而当周某带林某回家，给他父母看时，未来婆婆看媳妇的角度，可是跟儿子大异其趣，差了十万八千里。

　　周某的妈妈一看林某，这么瘦弱矮小，怎么生孩子？怎么照顾周某？至于林某漂亮温柔、心灵手巧，对未来婆婆可是一点用也没有。周某的妈妈认为这些东西都无关紧要，对农村人来说讨老婆的重点应该是烧菜、洗衣服、整理家务、带孩子。于是，周某的妈妈私下跟老伴嘀嘀咕咕，挑了林某不少毛病。但是在周某的坚持和抗争下，他与林某还是结了婚。

婚后，柴米油盐酱醋茶的生活，有时免不了让这对小夫妻产生一些小摩擦，吵吵嘴什么的，然而当夫妻吵架传到婆婆那里时，婆婆却开口说道："我就说嘛！这种女孩这么瘦弱，什么活也干不了，连家务活都得男人做帮手，这本来就不是好妻子。"毕竟周某是深爱着妻子的，所以每当母亲发泄对林某的不满时，周某就会跟母亲理论一番。

转眼间，周某和林某结婚已经6年了，可是林某和婆婆之间的敌意仍然没有半点消解的意思，这其中的原因除了当年的积怨外，还因为林某没有生育一儿半女。而这时的林某从平常的生活中，已经渐渐看不到周某以前那种无微不至的关怀，代之而起的是无休无止的争吵，而话题总离不开他的母亲。

终于，有一天下午，周某以一种很平静的语气对林某说："既然这么些年都不能消释我父母对你的成见，我只有用离婚来结束这种无休止的纠缠。"他决定牺牲婚姻向母亲妥协。这个决定，对林某来说不啻是一记晴天霹雳。

那些日子，林某乞求过周某，因为她还爱着他，但他铁石心肠，去意已定。对此，林某只能默默地接受周某带给她的伤害，她没有别的办法。

虽然父母有现实生活的丰富经验，可以作为儿女在选择终身伴侣时的参考，但家长出于对儿女的爱，往往在儿女的婚姻大事上越俎代庖。问题就出在这里，由于他们常常不理解儿女，总是害怕儿女吃亏，于是处处想替儿女安排，可惜好心不一定就有好报，这种专制的爱，往往带给儿女的是伤害。

婆媳相处有妙招

1. 明白婚姻自主，不要干涉儿子的婚姻

婚姻自主是中国法律赋予公民的一项基本权利。《民法典》规定：禁止包办、买卖婚姻和其他干涉婚姻自由的行为。从道德角度讲，子女的婚姻关系到一辈子的事，应当由他们自己决定，别人不能包办。因此，婆婆要明白这个道理，尽量不要干涉儿子的婚姻自由。即便你不喜欢儿子选的媳妇，但你也不能强制性地阻止儿子，甚至威胁儿子。干涉婚姻对于日后婆媳相处是非常不利的。

2. 父母劝说儿女要有分寸

父母不要干涉儿女的婚姻自由，并不是说父母对此事就可以不闻不问。因为子女一般来说比较年轻，生活经验少，对恋爱婚姻问题难免有考虑不妥之处，父母出于关心和爱护，加以劝告和引导，这并不是强加于人。所以，在婚姻问题上，父母一般是有分寸地劝说，子女应当冷静地考虑父母的意见。而一旦儿女结婚之后，不管他们的伴侣是否合自己的意，都应该抛弃一切成见，满腔热情地对待他或她，因为从今以后你们就是一家人了。

姑嫂之间相处

在中国式的家庭当中，婆媳关系本来就是一个微妙复杂的话题，再加上一个小姑，就更乱了。如果媳妇与小姑发生矛盾，此时，婆婆一般都是偏向自己女儿的，婆媳关系会由此而变得雪上加霜。

宋某的丈夫家就只有姐弟两个，大姑姐嫁在同村，结婚都十年了，一直在娘家吃，每天一到开饭的时间全家三口就来了，吃完饭就走。小孩一放假，放多长时间的假就在娘家吃多长时间的饭，从早吃到晚。时间长了，宋某的心里开始有点不舒服了，但也不怎么好吭声，问题就出在两个小孩身上。大姑姐的儿子老是欺侮宋某的儿子，比表弟大了五六岁也不知道让让表弟。每次来都与宋某的儿子吵架，搞得宋某的儿子不停地哭。这天宋某的儿子又被表哥欺负哭了，宋某就火了，对大姑姐的儿子说："你每次来都与表弟吵架，你比表弟大那么多，怎么也不让着点表弟？既然你不喜欢表弟，那你还总来我们家干吗？"宋某这句话也许有点过火了。这下好了，她的话好像扔了一颗炸弹，大姑姐、婆婆什么难听的话都冲着她来了。

宋某平时就不善言辞，怎么会是她们的对手？最让她难受的是，婆婆竟然说"你娘家很穷"什么的，宋某很生气，她觉得婆婆怎么说她都可以，怎么可以扯到她娘家去。虽然她娘家没有婆家这么有钱，但那也不是罪过呀，你有钱就很了不起吗？自己每次出去都记不得给自己妈妈买点什么，却时刻把婆婆放在心上，帮她买这买那，没想到婆婆竟然能说出这种话。于是满腹委屈和愤懑的宋某与婆婆和大姑姐吵了一通之后，就搬出了婆家，在村里租了别人家的一栋房子单过了，从此，再也不登婆婆的门了。

生活中，母亲偏袒某一子女的情况太正常不过了，只不过不像对女儿和媳妇那样明显罢了。也许作为媳妇也应该想想自己和母亲的感情，以及自己母亲为自己所付出的一切，这样一想，可能就会接受婆婆有亲有疏的无意之举了。只有对婆婆和大姑、小姑抱着理解和宽容的态度，媳妇和婆婆的关系才能向好的方向发展。

婆媳相处有妙招

1. 嫂子要有大局面，不与小姑子斤斤计较

媳妇与小姑子生活在同一屋檐下，往往会因为在某些事情上意见与看法不一致而发生分歧，甚至会出现斗嘴、打架，闹得不愉快。因此，作为嫂子要顾全大局，要从维护

家庭团结的良好愿望出发，明辨是非，对一些鸡毛蒜皮的小事就不必斤斤计较了。同时，要避免言辞激烈，以免伤害了对方的感情。总之，对一些无关紧要的小事，应采取不细究、不计较的态度，对己严，待人宽，谦和忍让，豁然大度。

2. 当姑嫂之间发生矛盾时，嫂子不能记仇

如果姑嫂之间因为某件事情而发生了争执，作为嫂子应该多让着点小姑子，更不能记仇。姑嫂也是一家人，彼此之间有密切的亲情相连，对亲人更多的应该是理解、宽容，自己多牺牲，多为对方考虑，多忍让包容。如果你因为某件事而对小姑子成见颇深，并且总是针对小姑子，那么你的婆婆看到后自然心中不舒服，自然会对你产生意见。这样一来，婆媳之间的关系就会变得十分紧张。

婆媳都想做当家人

婆媳同在一个家庭中生活，有共同的归属，自然也就有着共同的利益，双方自然都希望家庭兴旺发达。这是婆媳利益一致的一面。但同时也常常在家庭事务管理权、支配权等方面发生分歧，出现矛盾，甚至明争暗斗。

王某是一位精明能干的农村妇女，不仅把家务操持得井井有条，还是做农活的好手。丈夫憨厚老实，家里的钱粮都交给王某管理。丈夫是独子，所以婚后公婆仍和王某夫妇住在一起。尽管结婚已十多年，但是王某和公婆的关系始终磕磕绊绊，婆媳间常常因为一些生活琐事而发生争执。

婆媳之间的冲突主要来自经济上。由于儿子不管家，家里的钱如何支配是王某说了算，王某在借钱给娘家人和婆家人时，婆婆总感到王某更向着娘家人。在对家事的处理上，过去总是婆婆说了算，现在家务事大多是媳妇说了算。媳妇的精明能干反而让婆婆反感，加上平日两人关系本就不太和睦，于是一些极琐碎的小事都会引发婆媳间的争吵，最后在公婆的怂恿下，丈夫最终向王某提出了离婚。王某和丈夫的感情其实一直都不错，离婚后，丈夫还经常背着父母偷偷来找王某。事实上，如果不是父母坚持不要儿媳，丈夫是不会和王某走上离婚之路的。

婆婆与媳妇都想要做家中的当权人，也是婆婆与媳妇产生矛盾与冲突的一个非常重要的原因。在媳妇嫁进门之前，婆婆是家中"说一不二"的人，家里大大小小的事情都是婆婆安排。但是，当媳妇嫁进门之后，婆婆就不再是家中的"当权人"了。家里的财政大权也交到了媳妇的手中，婆婆由原来的掌权者变成了"听从吩咐"的人，所以，婆婆的心中自然是极不舒服的。因此，案例中，王某的婆婆对王某产生了相当大的不满情绪，最终怂恿儿子，与媳妇王某离婚了。由此可见，家中"当权人"的争夺，是引发婆媳关系危机的重大因素，需要我们引以为戒。

婆媳相处有妙招

1. 婆婆与媳妇最好分开住

在很多家庭中，尽管儿子娶了媳妇后已成家立业，但是婆婆总认为自己有权力帮儿子管理好小家庭，而精明能干的媳妇又不喜欢婆婆过多插手自己的家事，再加上婆媳间思想观念、生活习惯、性格等因素的影响，极易导致婆媳间的冲突。所以分开居住，对避免婆媳间的冲突还是比较有效的。

2. 媳妇可以找丈夫来帮忙

如果媳妇与婆婆都想做家中的当权人，并且因此而发生争执的时候，聪明的媳妇都会找自己的丈夫来帮忙。聪明的媳妇会将自己心中的想法以及各种顾虑告诉丈夫，然后让丈夫去做婆婆的工作。丈夫与婆婆是母子关系，自然比媳妇更容易劝说。

第五章
从亲邻迂回，让你的真情更有说服力

不在背后说坏话

我们都知道，在这个世界上，每个人都是一个独立的个体，所以人与人的思想与行为是不一样的。正因为这样，人与人在相处的过程中难免会发生一些矛盾或者冲突，尤其是当某个人在背地里说了什么话后，很容易被人们传来传去，最终传得变了意思，继而引发一系列不必要的麻烦。这种情况也经常发现在婆媳之间。

江某嫁给丈夫马某已经有一年了。因为她非常温柔乖巧，而且对公婆十分孝顺，所以，婆婆对她十分满意。江某与婆婆的关系也十分好，整个家庭的氛围相当温馨。但是，突然有一天，和谐氛围被打破了。这是怎么回事呢？

原来，有一次，江某和邻居家的好姐妹张某一起逛超市。江某将张某当作自己最要好的朋友，也是最信得过的人，所以两人无话不谈。在超市里，江某看到门口的摇摇车，就想起了一件事情，顺口就对张某说："有一回我和婆婆带着宝宝来逛超市，宝宝一直嚷着要玩摇摇车。玩一次需要一元硬币，不过，因为我身上没有硬币，所以，都是我婆婆出的钱。结果宝宝玩了三次之后还嚷着玩，我婆婆就很生气地对宝宝说，如果想玩以后自己赚钱自己玩！"原本，江某也就随意一说，根本没有别的意思，结果却惹祸了。

后来，张某也是很随意地跟别人说了这件事情，结果一传十，十传百，最后竟传到了江某婆婆耳朵里。可是传到婆婆耳朵里的话，早已经被演绎成另外一个版本：为了3元钱，当奶奶的心疼得不得了，竟然气势汹汹地训斥孙子……

江某的婆婆听到这样的议论后自然气愤不过。在她的心目中，儿媳妇江某一直是温顺贤良的人，很少说令自己不满意的话。没有想到，她当面不说，却在外面说了，而且还胡说！简直是岂有此理！

从此之后，江某的婆婆对江某的态度发生了天翻地覆的变化，平时对江某爱答不理的，说话的时候也总带着刺。江某对此很不理解，不知道为什么婆婆突然转变了对自己的态度。刚开始，江某觉得自己可能什么地方做得不好，惹婆婆生气了。后来，江某在进行了深刻的自我剖析与苦苦反思后，还是没有找到原因。因此，江某感觉非常委屈，觉得婆婆是在无理取闹，对自己进行虐待。于是，江某就开始不断地向丈夫哭诉，并且将怨气全都撒到了丈夫的身上。就这样，家中的气氛一下子变得紧张起来。江某与丈夫之间的感情也慢慢地出现了裂痕。

你看，就是这样一句不算坏话的话在邻里间一传递，最终到婆婆耳朵里成了婆媳不睦的导火索，更何况那些真正的坏话。你在街坊邻居面前说了婆婆的坏话，即便只是一句玩笑话，但迟早会传到婆婆的耳朵中。邻里之间就是这样，家长里短，是是非非，每时每刻都在传播着、演绎着、进行着，因此，聪明的媳妇不会在背地里议论自己的婆婆，更不会说婆婆的坏话。

婆媳相处有妙招

1.不在背地里说婆婆的坏话

作为一个媳妇，背地里说自己婆婆的坏话是相当愚蠢的做法。因为在邻里间，好话有可能传播不快，可一句坏话往往以飞快的速度传播，传播的过程中，"坏"的程度往往还会被不可理喻地进行演绎、加码，最终甚至完全变成另外一种意思。因此，喜欢在外面乱嚼舌根的媳妇一定要注意了，当你婆婆听到某些话的时候，你可就惨了。

2.当你的玩笑话被曲解时

如果媳妇在不经意间与别人说了一句关于婆婆的玩笑话，结果还被对方曲解，并且传了出去，而且越传越不像话了，那么你就要采取相应的措施了。不管你的这句已经被曲解的玩笑话有没有传到婆婆的耳朵中，你都应该主动找婆婆谈谈，坦率地将当时的具体情况说清楚，并且解释清楚自己所说的那句话的性质，消除婆婆心中的芥蒂，从而消除它对婆媳关系产生的消极影响。

在邻居面前多夸奖

现在，我们已经知道，作为媳妇，在背地里，比如，邻居面前，说婆婆的坏话，很容易引来灾祸——婆媳失和，家宅不宁。但是，你却可以在邻居面前夸奖婆婆，这对于婆媳和谐相处、家庭和睦有着极大的促进作用。

郝某是老钟家的媳妇，有一个非常严厉的婆婆。不管在自己家里，还是在外面，婆婆经常对郝某呼来喝去，甚至还会当着别人的面批评她。很多邻里都为郝某打抱不平，说："你婆婆真是太严厉了，怎么能这样对待你呢？你肯定天天被她欺负吧？哎，太可怜了！"

面对这么严厉的婆婆，郝某的心中也觉得委屈，不过，她并没有在别人面前抱怨婆婆的不是，反而笑着为婆婆说话："我婆婆的脾气就这样，习惯了就好。不过，还多亏了她这样严厉，否则，我丈夫也不会有今天。听说我丈夫小时候十分调皮，不肯好好上学，我婆婆就十分严厉地对待他，经常教训他，有的时候甚至还会打他，结果我丈夫改邪归正，开始好好念书了。以至于后来他才顺利地考上了研究生，有了现在的成就。我婆婆年纪大了，已经习惯了严厉地对待子女。我们这些做晚辈的不能总想着改变她，而应该适应她，这样对我们也是有好处的。想当初，我还是姑娘的时候，因为我父母的娇惯，养成了不少坏毛病，但是，我嫁过来还不到两年的时间，那些坏毛病基本上都已经改了。这都是我婆婆严厉要求我的结果，所以，我还得谢谢她呢。"

邻居们听了郝某的话，觉得这个看起来低眉顺眼的媳妇，真不是一个简单的人。面对婆婆的坏脾气，她不仅没有抱怨，也没有感觉委屈，反而想着婆婆的好，动不动就把婆婆赞美一番。从此之后，街坊邻居都慢慢地对郝某高看一眼了，同时，也给予了郝某更多的理解与尊重。

愚蠢的媳妇经常会在邻居面前抱怨婆婆的不是，而聪明的媳妇则会经常在邻居面前夸奖婆婆。于是，聪明的媳妇都赢得了邻居对她们婆媳的尊重。这是为什么呢？你在邻居面前夸自己的婆婆，会立即给邻里一个好印象，即你是尊重你婆婆的，你并不是放纵的，也不是任性的，而是一个具有内涵的好媳妇。

在现实生活中，往往是赞美别人的少，批评别人的多。婆婆与媳妇的关系更是如此。一个愿意诚心夸赞自己婆婆的媳妇，很自然会让邻里认可你的人格。邻里是一面镜子，它照出你们婆媳关系的真实状况。尽管婆婆与媳妇之间的相处并不是做给别人看的，而是自己过自己的小日子，可是婆媳关系是否和谐，往往是街坊邻居关注的热点问题。如果你与婆婆的关系十分和睦，那么邻居们就会夸奖你懂事；如果你与婆婆的关系十分紧张，甚至差到极点，那么邻居们就会指责你、鄙视你。

婆媳相处有妙招

1. 夸婆婆的优点和长处

俗话说得好："金无足赤，人无完人。"每个人都有自己的缺点和局限性，但是，每个人也都有自己的优点和长处。正如一句话说的，老天给了你这样，就不再给你那样了。反过来说，老天不给你这样，总会给你另一样。婆婆也是一样，也许在媳妇的眼里，婆婆可能又老又丑，可她很勤快；婆婆也许顽固不化、思想保守，可她会疼爱子女；婆婆也许吝啬自私，可婆婆肯为这个家的成员担当一切……

不管什么样的婆婆都会有自己的优点，都有值得尊敬和爱戴的地方。所以，聪明的媳妇会将自己婆婆的缺点和局限小而化之，而将她的优点和长处适度大而夸之。作为媳妇，好好在邻里面前夸奖自己的婆婆吧！这样于己于彼都是有很大好处的。

2. 对婆婆的赞美也要适度

作为媳妇，经常在邻居等外人面前说婆婆的好话，对婆婆进行夸奖，的确有利于增进婆媳之间的关系，有利于婆媳和睦相处。但是，赞美婆婆也要有一个"度"。适度的赞美，会让外人与婆婆都感觉到媳妇的真心与诚意。它是婆媳关系的润滑剂，可以化解婆媳间的矛盾，增进婆媳间的感情。但是，如果过度赞美婆婆，甚至对婆婆大肆吹捧，那么就让人觉得有点儿"应付公事"，或者更确切地说是刻意为之，甚至还可能被理解为"嘲讽"，最终得到相反的结果。

帮助婆婆树威信

聪明的媳妇都知道，在与外人相处的时候，不能忽视婆婆，要帮助婆婆树立威信。因为婆婆毕竟是长辈，而媳妇是晚辈，做晚辈的帮助长辈树立起自己的威信是应该的。这样一来，婆婆在外人面前才能有面子，才会感觉自己有地位，心中才能感觉到来自媳妇的温暖，从而与媳妇和睦相处。

王某与张某从小一起长大，两人的性格、脾气都非常像，都属于心直口快的类型，说话做事都风风火火的。再加上她们都是家中最小的孩子，所以她们的爸妈难免更宠爱他们，所以他们也或多或少地有些骄纵，有的时候连自己爸妈的话都不听。不过，这两个性格相似的姐妹，在嫁为人妻之后，生活却有着天壤之别。

王某婆婆很强势，想要在家里说了算，王某也总是固执己见，所以她们婆媳之间总是充满着火药味儿，整个家庭的氛围都十分紧张。对此，邻居们都说，王某与她的婆婆就好像是"死对头"，总是斗个没完没了，其实，只要她们两个人有一个稍微低一下头，情况就会有翻天覆地的变化。

张某的婆婆也比较强势，但是张某却能与她的婆婆相处得很好，整个家庭的氛围十分和谐。为什么张某能与强势婆婆相处融洽呢？原来，张某懂得向婆婆低头，为婆婆树立威信。

有一次，王某与张某聚在一起谈论婆媳关系。王某十分纳闷地问道："我一直挺奇怪的，就冲你的脾气，不出三句话，就会起高腔，出高调，怎么可能在你婆婆面前就成了温顺的小猫呢？"张某一语道破了天机："在娘家与爸妈逞强、耍性子，那是撒娇，不管是家人还是外人都不会笑话；但是，在婆婆家对婆婆逞强、耍性子，那就是愚蠢，不管是家人还是外人都会看笑话，说闲话。所以，咱们做媳妇的，要懂得给婆婆树立一点威信，该温顺的时候就得温顺一点儿，这才是媳妇的做法呢。"

接着，王某又问好姐妹张某如何帮助婆婆树立威信。张某说道："遇事多征求婆婆的意见。比如，和邻居出去买什么东西时，邻居都建议我买什么，我就说我问问婆婆吧。不知道老太太喜欢不喜欢？"

王某听到这里，觉得非常头疼："买什么东西都要请示呀？你这样过得也太累了吧！"

张某笑着解释道："当然不是了，买一些家里日常使用的东西，问问老太太还是比较好的。比如，问问老太太盐买什么牌子的好，洗衣粉什么样的不伤手，给孩子再买辆小童车好不好之类的。当然了，也并不是说必须要经过她的允许才能买。在邻居面前，买东西之前，不妨先问问老太太，这会让老太太觉得有面子，很开心。这样婆媳关系自然就融洽了。"

王某听到这里，茅塞顿开，连连称赞张某聪明。

事实真的是这样，几乎所有的婆婆都出现过这样的担心：媳妇娶进门之后，会不会将儿子挟制住？会不会也挟制自己？因此，婆婆们都会想尽一切办法树立自己的威信。这也是不少媳妇觉得自己在婆家表现得很好，但是婆婆却总会找机会给自己脸色看的原因。婆婆树立自己的威信，就是要建立家庭关系的秩序，这个秩序大体是婆婆管着儿子，儿子管着媳妇。倘若这个秩序有所偏移，那么做婆婆的就会自己为自己出头了，不是给媳妇脸色看，就是直接在媳妇面前挑明。因此，聪明的媳妇都能非常透彻地理解：不能让婆婆丢了威信，不能轻视婆婆的威信。

婆媳相处有妙招

1. 说话分清家内外

对于媳妇来说，经常会与自己的婆婆进行对话。因为婆婆与媳妇在一起生活，自然免不了与婆婆进行对话，这是生活中的一种很正常的现象。只是作为媳妇一定要明白，与婆婆对话也是有讲究的，是要分场合的。如果是在家庭内部，婆媳之间可以促膝长谈，也可以无话不谈，更可以开开玩笑什么的，甚至偶尔跟婆婆对峙、提出反驳意见都可以，那都是感情融洽的表现。问题是在外面，面对别的亲戚，面对外面的邻居，与婆婆对话的时候就要讲求一点艺术了，即尽可能地不要在外人面前对婆婆的话进行反驳，不要提出反对的意见，不要随便大大咧咧地拿自己的婆婆寻开心。尽管你可能并没有恶意，而你的婆婆也会当着别人的面笑着说一句"你真是没大没小"，但是她的心中会留下疙瘩。

2. 敬老有行动

由于现代社会风俗的影响，媳妇们已经慢慢地将茶先敬老之类的礼仪淡忘了，不再拘泥于那样的客套，这也无可厚非，毕竟是一家人，自然不必客套了。可是在外人面前就要讲究了，茶先端给婆婆再端给自己，起立迎送之类都不可忽略。只有在行动上为婆婆树立威信，婆婆才会更加喜欢你这个懂事的媳妇。

3. 细节处显威信

有一句话说得好："细节决定一切。"日常生活的一些细枝末节，往往包含着很大的学问。比如，婆婆、媳妇以及几个邻居一起去超市购物，是媳妇帮着婆婆拿东西，让婆婆走在前面，还是婆婆拿着东西，媳妇不管不顾地走在前面？这些细节会被邻居们看在眼里，记在心里。尽管这只是一些小事，却体现了媳妇的涵养以及婆婆的威信。聪明的媳妇都懂得在生活的细节处帮着婆婆树立威信。

外人面前给面子

在现实生活中，大多数的婆婆都十分爱面子，特别是在亲戚与邻居面前，他们尤其看重自己的面子。因此，聪明的媳妇在外人面前，一定不要轻易驳婆婆的面子。

曹某已经与马某处对象一年多了，可以算得上是老马家的准儿媳妇了。所以，她时不时地会去准婆婆家住一段时间。慢慢的，曹某与婆婆越来越熟悉，两个人的关系也越来越好了。我们都知道，与熟悉的人在一起，就不需要太过于拘谨，也不需要伪装自己，都会用自己原本的性格、习惯以及处事方式与对方相处。曹某与准婆婆的相处也是这样。

随着曹某与准婆婆的关系越发亲密，在说话做事方面她就开始展现率真的一面。然而，曹某这个准媳妇又太天真，太实在了，而且在说话的时候没有一点儿分寸，也不讲究艺术，因而，引来了准婆婆的不满。

原来，有一次，曹某与准婆婆一起上街，正好遇到了与准婆婆家住得不远的几个邻居。于是，曹某的准婆婆就与她们聊了起来。那几个邻居都不停地夸奖曹某这个准媳妇长得漂亮，说她这个准婆婆有福气。后来，她们又聊到了平时穿的衣服。大家看到曹某的准婆婆穿了一件看起来十分年轻且花哨的衣服，就相互拉扯着夸了起来。

这时候，曹某说话了，她说："这件衣服是我买的。她以前穿的那些衣服都太老气，太土气了，穿那样的衣服看起来真是很不好看。你们看，现在她穿这样，略显年轻点的衣服多好啊。"几个邻居也附和说，曹某的准婆婆以前的衣服怎么怎么不好看，现在的衣服怎么怎么好看。这让站在曹某旁边的准婆婆心里很不舒服。尽管事实真的是这样的，但是，当着这么多邻居的面说自己以前穿的衣服多么难看，多么显老，准婆婆不仅觉得有些尴尬与难堪，而且心中也结下了一个疙瘩。婆婆与媳妇在相处的过程中，婆婆心中结下了疙瘩，就相当于埋下了一个随时都可能爆发的隐患。

后来，曹某与准婆婆的关系就逐渐地冷淡下来，没有之前那样亲密了。曹某的准婆婆还对儿子马某说了自己的看法：曹某这个媳妇为人还算实在，但是她说话太没个遮拦了，简直不把我这个老人家放在眼里，经常在外人面前不给我面子，有好几次我说话说到一半，她就给截住了。而且还在别人面前批评我以前的说话处事不好。这简直就是在打我的脸，让我感觉很不舒服。

幸运的是，马某这个准老公是一个非常聪明的男人，在得知自己老妈与准媳妇之间的矛盾后，就立即用委婉的方式告诉了曹某。

曹某听了之后，才恍然大悟，怪不得自己与准婆婆之间的关系没有以前那么好了，原来是因为自己说话做事太过直白了，没有给准婆婆留面子。原来，人与人相处，包括婆媳相处与邻里相处，也是需要讲究技巧与策略的。

从此之后，曹某这个准媳妇就开始在这方面多加注意，在外人面前，总是给足准婆婆面子，再也不做有损准婆婆脸面的事情了。而且，遇到事情，她还主动给准婆婆台阶下。就这样，曹某与准婆婆的关系又慢慢地融洽起来了。

当外人在场时，作为媳妇，给足婆婆面子会有很多好处，总结起来，主要包括以下几个方面：

其一，表现出对婆婆的尊重。不管怎么说，婆婆都是老人，是长辈，所以，作为媳妇，你应该给予婆婆足够的尊重。尤其是当婆婆与邻居正在激烈地讨论什么事儿的时候，媳妇更不能随随便便地将婆婆的话截断，给出完全相反的意见。因为在外人面前，媳妇这样驳婆婆的面子，会让婆婆十分难堪，也会让婆婆心中很不舒服。婆婆年纪大了，通常都有一定的虚荣心，爱面子。因此，聪明的媳妇都会充分地尊重婆婆，在外人面前时刻以婆婆为先，让婆婆面上有光，心理舒服。

其二，使婆媳的心更加贴近。毫无疑问，婆婆与媳妇之间隔着一层膜，而这层膜往往会对婆媳关系产生不良的影响。聪明的媳妇都会客观地对待这层膜，在处理这层膜的时候懂得找方法，讲技巧。而在外人面前，给足婆婆面子，处处为婆婆着想，懂得为婆婆搭台阶，竖梯子，是消除婆媳之间隔膜的最佳方法。这样一来，婆婆会真真切切地感受到你与她是一条心，这样，婆媳之间的关系就变得亲密无间了。

其三，如果在外人面前给婆婆留足面子，那么婆婆也会为媳妇兜着面子。大家都知道，人与人之间的感情是相互的，婆媳之间自然也是一样的。若媳妇对婆婆好，婆婆自然也会对媳妇好。在外人面前，媳妇经常照顾婆婆的面子，随时为婆婆救场，让婆婆风风光光的，那么婆婆必然会将媳妇所做的这些看在眼中，深深地体会到媳妇的真心诚意，慢慢地被一个又一个的小事感动，进而对媳妇也好起来。如果婆媳二人相互尊重，相互给足对方面子，那么二者之间的关系必然是和谐而融洽的。

婆媳相处有妙招

1. 不要随意打断婆婆的话

在与婆婆相处的过程中，媳妇一定要注意说话的艺术，不能随随便便地将婆婆的话打断，这是对婆婆的不尊重，同时也是促使婆媳不和的重要原因。比如，婆婆正在与邻居们就某个问题发表自己的看法，这个时候，作为媳妇的你，突然将婆婆的话打断，横插一句："谁说的？根本就不是这样的！"或者，婆婆正在别人面前夸奖自己的儿子是多么多么能干，媳妇冷不丁地说道："才不是呢，你儿子真的有你说的那么好吗？"

尽管有的时候，媳妇只是在与婆婆开玩笑，但是却会让婆婆感觉颜面大失。因此，聪明的媳妇都会这样做：当婆婆说话时，尤其是在外人面前说话，媳妇则会微笑着听完，即便有不一样的意见，也会委婉地提出来，绝不会在婆婆没说完时，就强硬地截断，梗着脖子与婆婆唱反调。

2. 多做让婆婆有面子的事情

在现实生活中，街坊邻居之间往往是相互观望的。而邻居之间谈论最多的话题就是婆婆与媳妇之间的关系。比如，大家会聚在一起评论，谁家的媳妇比较懂事，懂得体贴婆婆；谁家的媳妇十分凶悍，不讲道理，经常压制着婆婆等。所以，聪明的媳妇会在邻居面前尽可能地做一些能让自己婆婆感觉有面子的事情。比如，与婆婆、邻居一起去超市的时候，媳妇主动帮婆婆拿东西；婆婆与邻居一起从外面回来，媳妇主动帮助婆婆掸去身上的尘土等。这会让婆婆为有你这样贴心的媳妇而满足，从而促使你们的婆媳关系更加和谐。

学习他人好榜样

作为一个聪明的媳妇，在与婆婆相处的过程中，懂得寻找参照物。世界上所有的事情，都不是孤立存在的，彼此之间或多或少地存在着某些联系。婆婆与媳妇之间的关系也是如此，应该多看看别人家的媳妇是怎样做的。也就是说，在周围邻居之间，存在着很多婆婆与媳妇，如果你只是低着头注意自家的婆媳关系，而忽略别人家的婆媳关系，一味按照自己的理解处理婆媳关系，那么很容易会迷失方向，失去坐标。

张某嫁给丈夫王某已经两年多了，平时与婆婆的关系处得还算不错。不过，张某非常喜欢打探别人家婆婆与媳妇的那些事儿。一旦听说哪个媳妇与婆婆闹矛盾了，张某就会千方百计地进行打探，非得将事情的起因、经过、结果弄清楚，然后回去告诉自己的婆婆，并与婆婆一起评论到底是谁的错。所以，张某与自己的婆婆经常因为别人家的婆媳关系，时而担忧，时而愤怒。

当然了，张某与婆婆的经历不同，所扮演的角色不同，所以思想上难免会存在代沟，对事情的看法也会有所不同。

张某总是会站在媳妇们的角度想问题，在评论的时候经常是有意无意地强调是婆婆们的不是，而媳妇们常常是吃亏受气的。她在言谈中不自觉地就流露出了对别人婆婆的不满："你说她那当婆婆的都那么大年纪了，还管那么多干吗？人家小媳妇那么年轻，谁不爱美啊？买件时尚衣服还要受她婆婆的气。唉，你说那小媳妇也够可怜的。""我看啊，就怪她婆婆管得太多。谁的儿子谁不疼啊？再说现在都有钱了，她给儿子买的玩具是多了点，可她婆婆也不至于嫌花钱多就生那么大气呀！"总之，张某很少批评媳妇，却总是数落婆婆的不是。

但是，张某的婆婆经常会多替婆婆想，觉得媳妇是晚辈，就应该尊重婆婆，所以，她总是觉得是那些媳妇的错，即便有的婆婆也有错，但是如果那些媳妇好好说，能出问题吗？不过，张某婆婆倒是没有与张某发生争执，有的时候不赞同张某的意见了，就不说话，听着张某说。

结果，时间长了，张某的婆婆不干了。张某的婆婆认为，张某总是这么向着那些媳妇，而且还天天在自己面前数落婆婆这不好、那不好，这不是指桑骂槐，故意说话给自己听的吗？于是，慢慢的，张某与婆婆之间的关系也出现了危机……

不管是媳妇，还是婆婆，多看看别人家的婆媳情是有很大好处的。但是，在关注别人家婆婆与媳妇之间的事时，一定要冷静客观，不能有偏颇，对就是对，错就是错，要公正地进行评价，用以借鉴，用以参考，而不能含沙射影，故意说话给自己婆婆或媳妇听。

婆媳相处有妙招

1. 向正面案例学习

作为媳妇，平时应多看看别人家婆媳和睦相处的典型案例，多看看别人是如何做到和谐相处的，别人为什么就能那么亲密。每个家庭都有每个家庭的实际情况，虽然各不相同，可是如果仔细想一想，婆媳之间相处无外乎就是吃穿住行用，都是生活琐事。多问问别人家的媳妇是怎么当的，怎么说话，怎么做事，这其中必定有一定的技巧。所以，媳妇应该多听听、多看看，多进行思考，慢慢就会明白婆媳相处之道的真谛。

2. 反思反面例子

媳妇不仅要看婆媳和谐相处的正面案例，还要多看看一些反面的典型例子。这样，媳妇就可以了解为什么她们之间的关系会如此紧张，矛盾的源头在哪里，又是如何被激化的，有什么发展动向等。这些例子虽然都是反面教材，但是也是有很多可以借鉴的地方的。如果你能准确地分析出这些反面案例的起因、经过、结果以及动向等，并且以此为戒，自我完善，避免犯同类的错误，那么将会大大有利于自家婆媳关系的改善。

替婆婆赞美别人

与自我评价或者评价自己做的事相比，在对某人或者某事进行评价的时候，人们的眼光往往会变得更加严厉与挑剔。换句话说，对别人进行批评要比对别人进行赞美要容易得多。所以，在平时，我们经常会听到或看到一些人批评别人，责备别人，甚至挖苦、取笑别人，总之就是无限地放大别人的缺点与错误，却忽视别人的优点与长处。婆媳之间也经常会出现这样的情况。但是，聪明的媳妇很少会批评婆婆，不仅经常会在别人面前赞美婆婆，而且还会替婆婆赞美别人。

王某是钟家的媳妇，因为她十分聪明，而且很会处事，所以她与婆婆以及街坊邻居都相处得很好。这其中有一个秘诀，那就是王某懂得替自己的婆婆赞美别人。这是怎么回事呢？

原来，王某的婆婆在家的时候总是喜欢拉着王某数落邻居们的不是，哪个邻居有什么缺点，哪个邻居有什么过失，哪个邻居非常讨厌等。每当这个时候，机敏的王某就会静静地听着，从来都不会插嘴。在遇到婆婆数落的那些邻居时，王某也不会将婆婆说的话告诉对方。而且，王某还有更聪明的做法呢。她不仅不会泄露婆婆对邻居的各种不好评价，反而会替婆婆夸赞别人的优点。

有一次，王某遇到了一个婆婆经常在家里数落，并且与婆婆关系不太好的邻居大婶。在与这位大婶说话的时候，王某很自然地说起了自己的婆婆："我们家老太太在家的时候，总是提起你。她总是说，别看我与你大婶儿经常拌嘴，实际上，我挺佩服她对待人时的实诚劲儿的。"接着，王某又说，"这样的话，我们家老太太可是说了好多次了。而且您对人的实诚劲儿是大家有目共睹的。谁家有个什么事儿，您总是喜欢跑过去帮忙……"

王某在邻居面前委婉地替自己的婆婆夸赞对方，竟然起到了令人意外的可喜效果。邻居大婶听了王某的话，觉得心里热乎乎的，心想："邻居之间拌个嘴是正常的，其实人的心中都会有一杆秤，这不，人家对自己媳妇这么夸赞自己，不就说明人家心里其实是很坦荡的吗？"从那之后，那位大婶不再与王某的婆婆争吵了，两个人的关系也慢慢地变好了。

案例中，王某可以说是相当聪明。面对与自家婆婆有矛盾的邻居，她不仅没有因此心生芥蒂，与邻居针锋相对，也没有拉拢邻居，说婆婆的不是，而是选择了替婆婆夸奖邻居，结果，很好地改善了邻居与婆婆之间的关系。当然了，这对于她们婆媳之间的关系也是非常有利的。试想一下，当婆婆知道事实的真相时，她的心里能不为拥有这样的媳妇而感到满足吗？

婆媳相处有妙招

1. 巧妙地替婆婆赞美别人

聪明的媳妇，在街坊邻居面前，不仅会给足婆婆面子，维护自己婆婆的威信，而且还会恰当地替婆婆赞美别人，这样的效果是显而易见的。自己的婆婆得知自己的儿媳妇在外面为自己所做的努力，心里自然会很开心，觉得自己的媳妇最体贴自己，事事都替自己着想，处处帮着自己。于是，婆婆也会对这个令自己满意的媳妇处处体贴维护。

2. 赞美要巧妙，符合婆婆的风格

媳妇在替婆婆赞美别人的时候，也有很大的讲究，不可处处替婆婆说话，随意地替婆婆赞美别人。媳妇要注意将话说到点子上，赞扬的话要与自己婆婆的风格相符。否则，别人很容易从中看出破绽，进而觉得你十分虚伪，认为你很有心计与手段。那样一来，结果只会适得其反。

与邻争执时互帮互助有技巧

作为媳妇，通常来说，是要与自己的婆婆站在一起的。因为婆婆与媳妇是一家人，站在同一条战线上，有着共同的利益，可以说是一荣俱荣，一损俱损。所以，很多媳妇在婆婆与他人发生冲突、出现争执时，理所当然地站出来维护自己的婆婆，与婆婆一起对抗他们。但是，媳妇这样做真的是正确的吗？

肖某的婆婆是一个非常严厉、说话也十分难听的老太太。她经常与街坊邻居发生冲突，往往是与别人说不了几句话，就开始数落对方的不是，而且语言冷酷，毫不留情。

更要命的是，每次婆婆与邻居发生矛盾，批评别人的时候，如果肖某在场的话，一定会立即加入"战局"，给自己的婆婆帮腔助阵，一起数落对方的不是。很多时候，邻居们都知道肖某婆婆的脾气，并没有真的生气，也不想与肖某的婆婆进行争吵。但是，肖某一掺和进来，事态就变了。

邻居看到这婆媳俩合起伙来上阵，摩拳擦掌，跃跃欲试，就会变得非常生气。原本可以轻松解决的事情，因为肖某的"积极参与"，变得复杂起来。于是，邻居开始发飙了，一会儿对肖某进行恶语攻击，一会儿对肖某的婆婆恶言相加，将这婆媳俩骂得狗血淋头，双方的争执变得不可收拾了……

原本很容易解决的事情，因为媳妇的参与，变得复杂了，而且还会引起别人的反感。因为媳妇帮婆婆吵架有点儿仗势欺人的感觉。因此，当婆婆和亲邻闹矛盾，发生不愉快的时候，做媳妇的切不可盲目地给婆婆擂鼓助阵。要知道，你的煽风点火不仅不能很好地解决问题，而且还会促使事态变得更加严重，也会影响婆媳之间的关系。

婆媳相处有妙招

1. 帮婆婆吵架不能盲目

每个家庭都是组成社会的一个小单元，而且这个小单元并不是完全封闭的，是需要与其他社会单元相处的，是要与亲朋好友、街坊邻居等建立一个大的关系网络的。因此，这个单元一定要想尽办法来融洽与外界的关系。当婆婆在这个关系网络中迸发了不和谐之音，对亲邻抱有怨言而恶语批评时，作为媳妇的，就不要不分青红皂白地去瞎掺和了。因为婆婆与邻居发生口角，还是属于个人行为的范畴，矛盾还是属于简单化的。但是，如果作为媳妇的你，为婆婆出头，替婆婆吵架起哄，那么就属于泼妇行为了。

在这种情况下，不管到底是谁理亏，大家对你们家的印象都不会好，会觉得你们一大家人是在一起欺负别人。因而，事情的性质就变了，问题也变得更加严重了。

2. 要冷静防止事情恶化

当婆婆与街坊邻居产生矛盾的时候，婆婆的言行都是不冷静的，都是十分冲动的，同时也是非常不理智的。这种情况下，媳妇应该保持清醒的头脑，要作为一个客观冷静的局外人，先把事态稳定下来，防止事态进一步恶化。换句话说，媳妇不能盲目地站在自己婆婆那一边，也不能盲目地站在邻居那一边，而应该站在"理"那一边，真正地做到不偏不倚。

3. 不过于责备自己的婆婆

当婆婆与邻居发生冲突的时候，尽管媳妇不能盲目地站在婆婆身边帮腔，但是也不能为了顾全整个家庭的形象，就在外人面前对婆婆过分责备。否则，邻居的心情可能会顺畅很多，但是婆婆会因此对媳妇心寒，甚至嫉恨上媳妇。比如，有一个媳妇在调解自家婆婆与邻居之间的矛盾时，为了让邻居有台阶可下，就十分过分地批评自己的婆婆，将所有的错都算到了婆婆身上。虽然她的本意是好的，但是婆婆却因此对她寒心，觉得她这个媳妇根本靠不住，"胳膊肘朝外拐"。所以，从此之后，婆婆对媳妇有了很深的成见，两人的关系自然变得越发不和谐起来。

善于帮助婆婆收场

在亲戚邻居面前，有的婆婆一不小心将某句话说到了绝处，没有留下任何可回旋的余地，就算她很快认识到了这一点，也不能停下来，因为只要她停下来，那么自己之前所说的话就会不攻自破。为了防止自己丢面子，她不得不硬撑着继续下去。这时候，如果她的媳妇够聪明，就会想方设法为婆婆解决难题，给婆婆竖起一架脱离险境的梯子，帮她将尴尬化解。

一天，张婆婆与她的儿媳妇去邻居王大妈家中做客，期间她们围绕着子女上大学、谈恋爱的话题展开了交谈。张婆婆与王大妈激烈地讨论了供养子女上大学的各种不容易，然后又说到了子女谈恋爱的问题。

王大妈："社会发展快了，也开放了很多，孩子们都开始追求自由恋爱了。"

张婆婆："是啊，孩子们都大了，管不住了。"

王大妈："其实，这样也好，只要孩子们自己感觉幸福就好。你看，你儿子与媳妇不就是自由恋爱嘛，现在多幸福啊！"

张婆婆："这倒没错，但孩子毕竟还小，有些事情看不

明白……"（张婆婆的女儿找了个离家很远，并且家庭条件一般的对象，张婆婆一直不同意）

王大妈："我听说你家闺女小芳有对象了，那男孩对小芳也挺好的？"

张婆婆："恩，那男孩倒还可以，可是……"

王大妈："只要他对小芳好就行了，你别要求太多了。"

张婆婆："话虽这样话，哎……"（张婆婆不愿意再继续这个话题，一时间，谈话陷入尴尬中）

儿媳妇："王大妈，我听说您闺女小丽今年刚毕业了，现在在哪里工作啊？"

王大妈："我家小丽啊，她找的工作还是不错的，她现在……"

看到自家婆婆与邻居王大妈的谈话陷入尴尬中，她的儿媳妇立即非常聪明地将话题转移到了王大妈的女儿小丽身上，解除了婆婆的不自在，使得婆婆与王大妈的谈话得以继续下去。这也给婆婆留下了很好的印象，拉近了婆媳间的关系。

婆媳相处有妙招

1. 巧妙接过婆婆的话茬

当婆婆说到某个话题而出现心虚或尴尬的情况时，聪明的媳妇都会适时地接过婆婆的话茬，使气氛有所缓和，帮助婆婆解围，这样一来婆婆就会觉得自己有面子，当然了，也会对你充满感激。

2. 帮婆婆转移话题

当婆婆与邻居或亲友在闲聊的过程中，因为某个话题而陷入了困境，难以收场时，聪明的媳妇可以帮婆婆转移话题，使对方的注意力转变，不再紧咬着婆婆不放。这样婆婆可以在他人面前保存面子，自然对解围的媳妇心存感激，日后相处也会念及媳妇的好。

三句话不离婆婆

作为媳妇，你在与外人相处的过程中，是三句话不离开婆婆，还是对婆婆避而不谈呢？相信每一个聪明媳妇的回答都是前者，即经常将婆婆挂在自己的嘴边。的确，这是一种非常明智的做法。因为很多时候，你将婆婆搬出来，会得到很多好处的。

杨某是严家的媳妇，对公婆十分尊重，也十分孝顺，在与别人说话时总是喜欢带上自己的婆婆。杨某的做法不仅赢得了邻居的好感，而且也使她们的婆媳关系十分融洽。

有一次，杨某去买菜的时候，遇到了与她家住得不远的邻居家的孩子，就走上前非常亲昵地抱了抱，并且说："这孩子真是太可爱了。怪不得我婆婆经常对我说要是以后有了孙子，能长得像你们家的孩子这样清秀就好了。"杨某的话，不仅表现了自己对这个孩子的喜爱，还替自己的婆婆说了话，而且说的还都是赞美对方的话。结果，孩子的大人听了之后非常开心，不仅对杨某高看一眼，而且还对杨某的婆婆也有了好感。

事例中的媳妇杨某很聪明，懂得将婆婆挂在嘴边的好处。当她在对邻居家的孩子进行赞美的时候，也没有忘记将自己的婆婆带上。结果，邻居对她本人以及她的婆婆都产生了好感。这对于以后邻里相处有着很多的好处，同时也从侧面增进了婆媳间的关系。

婆媳相处有妙招

1. 经常将婆婆挂在嘴边

在现实生活中，亲戚邻居等经常聚在一起说说话，聊聊天。大家经常会聊到某某媳妇，说："看不出她跟婆婆亲，我从来就没有听她说起过自己的婆婆，好像在她的心里没有婆婆的存在一样。"所以，聪明的媳妇总会在适当的时候将婆婆挂在嘴边，给亲戚邻居一种你心里随时随地装着婆婆的感觉。当婆婆听到邻居说："你那媳妇呀，在外面成天夸你，动不动就是'我婆婆怎么怎么说'，动不动就是'我问问婆婆什么意见再说'，看来，你们可是够亲的！"那么，你的婆婆会很满意，也会很自豪的。

2. 真诚地将婆婆放在心里

虽然媳妇三句话不离开婆婆，可以显示出媳妇对婆婆的尊重，但是，如果媳妇只是为了在外人面前表现自己的贤惠才故意这么做，那么时间长了，不仅外人会觉察出来，认为你心思深沉，而且婆婆也会觉得你过于做作，不够真实。因此，媳妇要真心实意地将婆婆放在心中，在外人面前提起婆婆时也是真心的，而非装腔作势。

第六章
让"夹板气"变成"夹板爱"，
有爱才文明

排他心理要研究

在现实社会中，儿子一旦娶了媳妇成了家，就会将大部分的心思放在自己的小家上，对于父母的关注就少多了。特别是有了自己的孩子以后，更是一门心思地扑在孩子的身上，慢慢地将父母忽略了。正是由于这个原因，很多妈妈可能会有些小心眼，或多或少地对自己的儿媳有些不满，或者说是怀有敌意。

当年，李阿姨怀孕比较晚，到了 31 岁才有了儿子，属于高龄产妇。所以，她所经历的痛苦较一般孕妇要多很多。在怀孕期间，妊娠反应非常强烈，一度让李阿姨痛苦不堪。可是，看着肚子中的宝宝一天天长大，任何痛苦都算不上什么，初为人母的幸福感充斥在心中。用一句话形容，那就是：她每天痛苦并快乐着。

然而，更加巨大的考验还在后面，李阿姨怀孕七个半月的时候，突然羊水破了，无奈之下，只能选择剖宫产，让孩子提前出来。早产儿本来就屬弱，再加上李阿姨是高龄产妇，孩子的身体很弱，这让李阿姨非常担忧。但是，更不幸的是，就在儿子出生半个月后，丈夫因为车祸永远离开了人世。这种巨大的打击让李阿姨几近崩溃，好几次都想结束生命跟随丈夫一起去，但是，看到襁褓中鲜活的小生命，她坚强地活了下来，独自强忍着心中的无限悲痛和儿子相依为命，一过就是二十年。

在她的抚养与教育下，儿子不仅考上了重点大学，还找到了很不错的工作，而且将她接到身边一起生活。这让李阿姨觉得自己很幸福，这几十年来所受的苦都是值得的。后来，儿子成了家，媳妇也知书达理，对李阿姨也很孝顺。但是，李阿姨有些忍受不了儿子和媳妇在自己面前卿卿我我的样子，也看不惯儿子每天给媳妇买好吃的零食，有时候甚至背着媳妇上楼梯。

有好几次，她都想说儿媳，最后都忍了下来。可是，有一次，原本就是儿媳做得不对，但是最终却要儿子陪着小心地去哄她。李阿姨实在忍不住了，一下子将心中所有的怒气都发泄了出来。结果，让儿媳有些莫名其妙，有些摸不着头脑，当然也感觉自己非常委屈。于是，她就对丈夫说："你说，咱妈的神经是不是出了什么问题？为什么好好的突然就发脾气呢？是不是应该让妈去看一看医生？是不是年龄大的人都这样啊？""我也觉得妈最近有点不正常，动不动就因为一点儿小事大发脾气，估计她真的是神经有点问题吧，改天我们带她去好好检查一下！"

儿子这话不说还好，一说李阿姨更生气了，她觉得儿媳的话让她伤透了心，但是儿子看到媳妇如此欺负自己的亲妈，不仅一点反应都没有，而且还帮着媳妇。她突然想起这些年来的辛苦，如今，儿子居然伙同媳妇一起欺负自己，李阿姨彻底心灰意冷了，她甚至觉得自己再也没有必要活在这个世界上了，因为最亲的儿子跟自己也不像从前那么亲了。她越想越觉得伤心，越伤心越觉得生活无望。终于，某一天清早，儿子和媳妇起床后，发现李阿姨没有做早饭，跑进卧室一看，李阿姨的眼睛紧紧闭着，已经永远离开了人世，她是吃了大量的安眠药走的。

其实，在我们普通人眼中，李阿姨根本没有必要因为儿子与媳妇的几句话就想不开，自寻短见，因为根本就没有什么值得发脾气的事情。但是，对于李阿姨而言，儿子是她生命中唯一寄托和希望，儿子有了媳妇之后，相对疏远了自己，儿子没有事事都向着她，她的绝望和痛苦在这种心理下被无限地放大了。最终，她在万念俱灰的情况下，选择了一死了之。

婆媳相处有妙招

1. 多照顾婆婆的心理感受

其实，在现实生活中，很少有妈妈愿意看着自己儿子在自己的面前疼爱别的女人，将自己忘在一边，即便是媳妇也不行。对此，媳妇应当加以警惕，在做任何事情之前都要注意照顾婆婆的心理感受。否则，婆婆就极有可能对你这个媳妇产生不满的情绪。即便不会像事例中李阿姨那样寻短见，也会在心里不痛快的情况下看你不顺眼，时不时地给你找点麻烦，非常不利于婆媳之间和睦相处。

2.关心婆婆，将婆婆当亲人

既然你嫁给了丈夫，与婆婆成了一家人，那么就要将婆婆当作自己的亲人，理解婆婆的心理，多关心婆婆，用心照顾婆婆，那么婆婆必然会感觉到媳妇的好，慢慢地将媳妇当闺女一样疼爱。

破解婆媳"同性相斥"

站在哲学角度来看，宇宙间万物皆演绎着这样一个基本的法则："同性相斥，异性相吸。"如果没有同性之间相互排斥，那么就不会有事物的分裂演绎；如果没有异性相互吸引，那么就不会有凝聚力，也就没有办法构成具体的事物。这种"同性相斥"的现象同样适用于婆婆与媳妇之间。

王女士是一位母亲，从儿子刚出生到慢慢地长大成人，这二十多年来，她一直自己带着儿子生活。好不容易盼到儿子长大成人，外出工作挣钱养家了。有一天，儿子突然带着一个陌生的女孩回家，并且告诉王女士，这是他的女朋友。儿子像对待珍宝一样对待这个姑娘。这个女孩稍微有些不开心，儿子就好像遇到重大灾难一样。原先与王女士亲亲密密的儿子，现在整颗心都跑到了那个女孩身上，很少有时间与王女士说贴心的话了，甚至连回个家也都是来去匆匆的。这样一来，她的心里便变得不平衡了。

于是，未来的婆婆开始挑剔未来的儿媳妇，在长相、工作、家庭条件等方面为儿媳设下了诸多的关卡……

　　这个案例实际上是一个母亲无法调整心态，接纳儿媳的心理折射。她因为不能完全占有儿子的爱，所以产生了很多不良情绪，最后这些不良情绪成了发泄到儿媳身上的愤怒。

　　其实，这种现象的背后是婆婆对媳妇的一种"恐惧"，这种恐惧来源于，婆婆对儿子的占有欲过强，害怕另外一个女人将儿子夺走的心理。在这种心理的影响下，婆婆的心中不知不觉地就为将来的婆媳关系埋下了矛盾的种子。如果处理不当，就很容易导致家庭不和，纷争不断。

婆媳相处有妙招

1. 消除婆媳之间的"占有欲"心理

　　作为婆婆，含辛茹苦地把儿子养大，本想着到了该"坐享儿福"的时候，却半路"杀"出个与自己毫不相干的年轻女人，并以儿媳的名义与自己分享儿子的爱、时间、金钱等精神和物质上的一切东西，甚至这个女人得到的比她更多。于是，母亲便产生了一种失落感。尤其是那些本身经历过离异、情感无依、生活孤苦的母亲，更是把所有的希望都寄托在儿子身上，并希望能独占儿子的爱。

　　而作为儿媳，丈夫则是自己的终生依靠，将跟自己共同度过下半生，自己以二十多岁的花季年龄嫁给了丈夫，将下半生的幸福交到了丈夫手中，因此理所当然地希望自己才是这个男人心中的唯一，觉得丈夫将自己摆在第一位是应该的。但结婚后，她看到丈夫将爱分给婆婆，甚至在某些时候觉得丈夫比在乎自己更在乎她，心里便产生了嫉妒。儿媳会认为婆婆不懂情理，不明事理，儿子都已经成家独立了，她还拴着儿子，霸占着儿子不肯放手。因此，要想家庭和睦，婆媳都有义务消除各自的"占有欲"心理。

2. 消除婆媳之间的"戒备"心理

在婆媳相处的过程中，由于他们都对同一个男人有很强的"占有欲"，所以婆媳之间的感情就出现了十分微妙的变化。因为婆婆与媳妇都爱着这个男人，所以自然就希望对方也疼爱这个男人，于是就有了这样的情景：婆婆因为儿子的关系而对儿媳加以善待，儿媳为了让丈夫开心而对婆婆孝敬有加。可是，与此同时，婆婆在内心深处又十分担心媳妇对儿子太好，儿子会因此而将自己忽略；媳妇潜意识中也害怕婆婆对丈夫太好，丈夫会过于依赖自己的母亲而将自己冷落了。

正是因为这种戒备心理与挣扎心理，婆婆与媳妇之间才产生了一种十分奇妙的情绪，像雾像雨又像风。于是，婆媳之间就多了一丝防备，一丝冷淡，一丝缝隙，甚至还有一丝难以名状的嫉妒。而这种复杂的情绪正是导致婆媳失和的"催化剂"。

心理定式需打破

什么是定式？所谓定式，其实是心理学范畴中的内容，是指人们的心理活动通常要受到以前的心理准备状态或者心理倾向的影响。在心理定式的影响下，婆婆对待媳妇的态度有着非常大的差异。一种情况是：婆婆准备将媳妇当作自家人，视媳妇为自家的女儿，那么在以后婆媳相处的过程中，婆婆就会用对待亲人的态度对待媳妇；另一种情况是：婆婆觉得媳妇是外人，是来与自己抢儿子的，所以婆婆就会以对待外人的态度对待媳妇，有些时候可能还带着一些敌意。

结婚以来，杨某始终觉得婆婆从没把她当成自家人，而是把她当成一个外人，不仅不喜欢她，而且还对她有很深的成见。

杨某的丈夫在家的时候还好，她和婆婆相安无事，可是丈夫一不在家，婆婆就对她不怎么样了。偏偏杨某的丈夫工作比较忙，经常没办法按时回家吃饭，于是晚饭只剩下杨某和婆婆两个人了。几乎每次吃晚饭的时候，杨某都觉得很别扭。比如婆婆刚好做了一道她非常喜欢的菜，她就会多吃一点，婆婆则会看着她有意无意地说："现在的菜价涨得可真厉害，尤其是香菇，这才两三天的时间就涨了三毛钱。"要不然婆婆就会说："这个是小军最爱吃的，唉，可惜他最近老是加班不能回来吃饭。"婆婆说这些话，杨某听了觉得不舒服，话里话外全是让杨某少吃一点的意思。虽然说小军是自己的丈夫，但是想到他在家吃饭时，婆婆不停地往他碗里夹菜，而自己多吃一点婆婆就说东说西，杨某的心里就觉得很不是滋味。

有一天晚上，杨某的丈夫抱着她说道："小心肝，明天，我要去外地出差，你在家照顾好自己哦。"杨某听完，心里有些不舍，但更重要的是开始发愁了。因为她知道丈夫出差不在家，家中就只有自己与婆婆了，这该怎么相处啊？特别是得知丈夫出差要十天半个月才能回来时，杨某的心里十分苦涩。杨某想了想，就对丈夫说道："你出差的这段时间，我想回家看看我妈，在我妈家里住几天，反正我也很长时间没有回去了。"杨某的丈夫并不明白妻子的心思，说道："你先别一个人回去了，等我出差回来之后，咱们俩一起去吧。要是你走了，这段时间就只有妈一个人在家了，那她该觉得多么孤单啊！"听到丈夫这样说，杨某也不好意思将自己的心事说出来，只能对丈夫说："那早些回来啊！"

丈夫走了以后，杨某明显感觉到婆婆对她的态度不一样了。以前，不管丈夫回不回来吃饭，婆婆都会早早起来做早餐，晚饭的时候会做好四菜一汤。可是现在，杨某早上起来以后，婆婆已经出去锻炼身体了，杨某只好自己随便吃点，就匆匆忙忙赶去上班。晚饭的伙食也大大下降，原来的四菜一汤变成了一个简单的菜和汤，有时候就是面条、饺子或其他素菜。这样的待遇让杨某的心里很不是滋味，因为她在父母面前是千金，在丈夫面前是宝贝，谁不是宠着她、爱着她，可是在婆婆面前……

杨某的心里既难过又委屈。一想到自己要跟这样的婆婆一直相处下去，她就觉得很忧虑。

其实，不仅上述案例中的婆婆是这样，现实生活中的很多婆婆都是这样，在自己的儿子面前会和媳妇和谐相处，可是儿子一旦离开，她就把儿媳妇当成一个外人。婆婆把媳妇当成外人，婆媳之间的关系就很难和谐，而且不仅媳妇心里觉得委屈、别扭，婆婆也因为总觉得媳妇是"外人入侵"而心情不愉快。

面对这种相处模式，媳妇应该懂得改变婆婆的思维定式，让她渐渐地接纳自己，并把自己当成亲人。这样的话，两个人在一起相处时，彼此才不会觉得像"熬"日子。

婆媳相处有妙招

1. 理解婆婆和母亲的不一样

作为媳妇，首先应该理解婆婆和母亲确实是不一样的。

婆媳是一种特殊的关系，既没有血缘关系，也没有感情基础，但彼此之间却是亲人。其实在意识层面，媳妇应该把婆婆当母亲看，而婆婆应该将媳妇当女儿来对待。但是事实上，这是很多人都无法容易做到的。从爱的角度来说，母亲对女儿的付出是无私的，不求任何回报，但是婆婆却很难做到。所以，不要苛求婆婆像对待自己的女儿那样对待儿媳。

2. 让婆婆看到你对家人的爱

有时候，婆婆会觉得你是一个外人，她受定式效应的影响，难以觉察出你对她的爱，因为她不把你当自己人，同样也会认为你不爱她。因此，媳妇要在平时的生活中把对婆婆和丈夫的爱和关心体现出来，让婆婆看得到、感受得到。

3. 让婆婆知道你对这个家的付出

很多时候，婆婆忽略媳妇以及媳妇所做的事情，总是把媳妇当作一个可有可无的外人。在这种情况下，媳妇就应该利用适当的方法让婆婆看到自己为这个家所作出的努力、所付出的辛苦。只有这样，婆婆才会逐渐地改变对你的看法，从而将自己的心理定式慢慢扭转，真诚地认可你、接受你。

理解丈夫的恋母情结

奥地利著名的心理学家弗洛伊德认为，男孩都会对自己的母亲产生一种非常特殊的柔情，将母亲看作是自己的私有物，而视父亲为与自己争夺私有物的敌人，甚至会想方设法地取代父亲在母亲心中的地位。其实，这是每个男孩成长过程中的一种本能，也是因为母亲对儿子的偏爱促成的。

蔡某夫妻之间经常因为丈夫"爱婆婆还是爱媳妇"这类问题而发生一些小矛盾。虽然她没有问过丈夫"假如我和你妈同时掉进水里你会先救谁"这样的问题，但是丈夫在生活小事上的一些表现，总是让蔡某很不高兴，有时候甚至觉得难过。

有一次，蔡某上班的时候就觉得腰疼，等到下午下班，更是疼得厉害。她打电话给丈夫，希望丈夫能接她回家，哪知丈夫在电话里说："我现在正忙着呢，你打个车到医院去看看。"然后，他就挂断了电话。蔡某很生气，回到家以后，就和丈夫吵了起来："我腰疼得快断了，你也不知道关心我一下，你妈只要有一点不舒服，你就紧张得要命……"

蔡某越说越气，从恋爱到结婚这么多年，蔡某从来没有听见他说过婆婆的一句不是。每当她和婆婆发生不愉快，他总是向着婆婆，说蔡某不懂事。如果婆婆误会了蔡某，他也不去与婆婆争辩，只会在事后才安慰蔡某……

最让蔡某难过的事发生在她生孩子那天。医生说："宝宝开始缺氧了，要立刻进行剖腹产手术。"可是婆婆希望蔡某顺产，她不仅说这家医院的医生医术不行，还说手术在那个时候进行不吉利。婆婆吵着要转院，蔡某的妈妈和她吵了起来。躺在病床上等待手术的蔡某很希望丈夫能站在自己这边，可是丈夫却一直在阳台陪着婆婆，哄着婆婆，让不要生气。

蔡某越来越对自己的丈夫不满，也越来越后悔自己嫁给他了。她不知道自己的丈夫还是不是自己的依靠，如果不是因为现在有了孩子，她甚至想到了离婚。

有一天夜里，孩子因为肚子饿而哭闹起来。蔡某已经在家哄了一天孩子，不愿意动了，就将身边的丈夫叫醒，说道："孩子饿了，你去给孩子冲一杯奶粉吧。"令她没想到的是，丈夫只睁了一下眼睛，说道："还是你去吧，我今天太忙了，都快把我累死了。"说完，丈夫翻了个身又睡着了。当时，蔡某的心里非常不舒服，甚至有些心寒。不管婆婆说什么，丈夫从来都是言听计从，而自己平时辛苦，好不容易休息一天，还带了一天的孩子。晚上就让丈夫帮着给孩子冲一次奶粉，他都不愿意。

就这样，蔡某整天郁郁寡欢。这天，丈夫突然打电话说，让她去外面吃饭。蔡某去了以后，丈夫突然拿出一沓钱递给蔡某。"你哪来这么多钱？"蔡某疑惑地问。"我赚的呀。这不是想给你一个惊喜嘛！这可是我花了整整一个月时间加班加点赚来的……"

蔡某这才恍然大悟。原来自己错怪丈夫了，这段时间他确实挺忙。虽然蔡某认识到了这点，但是她对丈夫还是有些不满："老公，昨天明明是妈错了，为什么非得说是我不懂事？"丈夫说："妈上了年纪，我们应该对她多一些宽容。""可是宽容也要有个原则吧？"蔡某很不高兴地说。

"妈一辈子很不容易，自从离婚以后，她就一个人拉扯我们三个。不管多苦，多难，她也要让我们上学……"看着丈夫的眼睛，听着婆婆的故事，蔡某渐渐意识到，男人的"恋母情结"也许都是情有可原的。

男人的恋母情结只有在极少的情况下才属于变态心理，而更多的时候并不是这样，所以妻子应该给予理解，不要觉得他是因为更爱自己的母亲而拒绝妻子。他按照母亲的方式做事，是因为这样的方式不需要他有太多改变。如果妻子觉得自己的方法更好，那么可以和丈夫沟通，告诉他按自己的方法做的好处，而不要像案例中的蔡某那样觉得丈夫站在婆婆一边，从而在心中对丈夫产生不满，甚至怨恨的情绪。

婆媳相处有妙招

1. 恋母情结很寻常

其实，丈夫有恋母情结很正常。妻子知道丈夫有这个情结，就尽量不要在丈夫面前指责他的母亲，也不要因为自己不喜欢婆婆的行为而希望丈夫去改变她。妻子不妨想办法与婆婆搞好关系，这样一来，一家人就会变得其乐融融了。

2. 让丈夫明白家庭才是第一位的

如果丈夫过分依恋母亲，那么媳妇可以非常明确地告诉丈夫，现在，他已经成家娶妻，已经从原来的家庭中脱离出来，有了属于自己的小家，所以他应该担负起作为丈夫的责任，应该将现在的家庭放在第一位。如果丈夫还是将自己限定在以前的生活中，将自己母亲的话当作金科玉律执行，而丝毫不顾及妻子的感受，那么这个家就没有什么幸福可言了。

3. 不在丈夫面前说婆婆坏话

在婆婆与媳妇相处的过程中，难免会发生一些小矛盾，出现一些口角之争。但是，妻子千万不能因此而在自己丈夫面前大肆地抱怨婆婆的不是，甚至对婆婆进行言语侮辱。尽管有的时候真的是由于婆婆的蛮横不讲理而引发争执，媳妇也要尽可能地控制好自己的情绪，不能肆无忌惮地发泄一通。否则，媳妇极有可能付出很惨重的代价。

唠叨也要分对象

有人说："生活就是一个五味瓶，酸甜苦辣咸，五味俱全。"的确，居家过日子本就是如此。无论当初的爱情是多么美好，当你走进婚姻的殿堂，嫁给丈夫之后，生活的方向就开始悄悄地变化。原本一切美好浪漫的"小情调"，变成了平凡生活中的柴米油盐。各种烦恼接连不断地袭来。面对如此复杂的家庭关系，媳妇的心中难免会生出一些怨言，表现在平时就喜欢唠叨唠叨，甚至，有些媳妇开始在自己婆婆面前唠叨了。

王某结婚后和婆婆生活在一起，因为她和丈夫都是普通的工薪族，工资不高，公婆也没有什么养老金，而且，一家五口每个月花销都很大，所以，王某一直感觉压力很大。再加上，她的工作非常繁忙，所以，她平时都绷紧了弦，很少有时间放松，也不像其他人那样活得潇洒和自由。

俗话说："贫贱夫妻百事哀。"生活上的不顺心加上工作压力，导致王某经常和丈夫吵吵闹闹。当然，他们也只是背着公婆吵，不过还好，吵归吵，日子还要过，生活的负担还要他们两个人共同面对。这样的日子持续了一段时间后，王某和丈夫商量着应该找个出路了，这样下去，压力只会越来越大，孩子也在逐渐长大，花销在不断增加，仅仅依靠他们两个人微薄的薪水，难以负担起一家人的开销。

有一次，王某在与婆婆聊天的时候，无意中发了几句牢骚。其实，她也没有说什么不好的话，只是说现在的物价涨得太厉害了，自己与丈夫的工资很少，但家里的花销却非常大，还不如咬咬牙将工作辞了，然后做些小生意。其实，王某也就是嘴上说说，抱怨一下生活的不如意。但是婆婆却觉得，媳妇这是特意说给自己听的。当时，婆婆听完之后什么也没说，就回到了自己的房间。对此，王某也没有放在心上。随后一段时间，王某发现婆婆总是往外跑，而且每次回来的时候总是用塑料袋子提着什么东西。于是，王某就十分好奇地问道："妈，你的袋子中装的是什么东西啊？"

婆婆只是笑笑，并没有说什么。后来，王某让丈夫去问了一下，她才知道，原来婆婆是去捡饮料瓶子了，因为婆婆听说一个瓶子可以卖一毛钱，所以就去捡了，准备卖钱。儿子觉得家里还没有到这种程度，犯不着让自己的妈妈去捡垃圾，但是婆婆就是坚持要去捡，并且说自己没有养老金，没有收入，不能拖累儿子媳妇了，要自食其力。但是，以前不是也一直这样过吗？儿子很纳闷，于是再三追问之下才找出了问题的根源。原来，就是因为那天王某的几句牢骚，婆婆认为媳妇是故意那样说，是在说自己。于是，在伤心之余，她才准备捡垃圾赚点零花钱。

看完王某和婆婆的故事，或许我们的内心或多或少会感觉到一些悲哀。其实，生活中，各种压力、责任、负担等沉重地压在每个人的身上，许多人都无能为力。但是，这些都是我们选择的生活，也都是我们必须面对的，我们只能接受，只能忍耐，只能竭尽全力去改变。

做媳妇的自然也有很多烦恼和负担，为生活不如意而苦闷，更多的时候需要宣泄，需要倾诉。可是，婆婆绝对不是媳妇最好的倾诉对象。每当有烦恼的时候，你最好找自己的好朋友或者自己的丈夫，你在他们面前唠叨，唠叨完了也就完了。但是，如果你在婆婆面前唠叨，唠叨完了可能会有意想不到的麻烦事发生。

婆媳相处有妙招

1. 有牢骚跟丈夫发

婆婆和丈夫不一样，她不仅是长辈，而且不管是在思想观念，还是人生观、价值观方面，都同媳妇有很大的差异，她未必能做到完全理解媳妇、明白媳妇的心思、懂得媳妇的处境，所以，即便媳妇有多大的委屈，有多少烦恼，有多少不满，最好不要在婆婆面前唠叨。因为她不会觉得你的唠叨只是为了发泄一下，只是为了寻求一点点安慰，并没有其他的意思。相反，她会觉得你那些牢骚是针对她而发的，会觉得是自己让你有那么多怨言。这样一来，她心里肯定会不好受，甚至直接与你发生矛盾和冲突。因此，聪明的媳妇想发牢骚的时候，会选择在自己丈夫的面前说说，绝对不会在婆婆面前唠叨。

2. 当着婆婆的面不抱怨

俗话说："人生不如意十之八九。"在现实生活中，你可能会遇到各种各样的烦恼与苦难，但是你的丈夫会一直在你身边，与你一起分担生活中的酸甜苦辣，他会尽可能地替你扛起各种责任与负担。当你感觉累的时候，他会给你最坚实的肩膀让你依靠；当你感觉烦恼而悲伤地流下眼泪的时候，他会陪在你的身边，帮你拭干泪水，然后，敞开胸膛将你纳入其中。在丈夫面前发牢骚，诉说生活的不如意，丈夫会帮你一起分担。但是，切记一般不要当着婆婆的面这么做，否则，婆婆只会觉得你没什么本事，甚至还可能认为你是在故意针对她。

别在婆婆面前替丈夫出头

　　世界上的每一位妈妈都是爱自己儿子的，而且这种爱是无与伦比的。而妈妈对自己的儿子进行管教自然也是天经地义的事情。所以，在这种情况下，作为媳妇的你只需要静观其变，千万不要随意插手，也不要去问婆婆为什么，不要替丈夫出头，否则，你不仅不能帮上丈夫的忙，反而会让事情变得更加糟糕。

　　有一次，王某刚走到自家门口就听到婆婆和丈夫在屋子里大吵大闹，她感觉到了一股浓浓的"火药味"。当她推门进去后，就听见婆婆大声地骂道："我说儿子啊，你怎么就这么糊涂呢？妈妈不是一直都告诉你，君子爱财取之有道，不义之财如流水，我们不能因为一时的贪念而做一些违背良心的事情，你明天赶紧把钱给人家退回去，不然，就不要认我这个当妈的！"

　　"妈，我错了，你不要生气了，我明天就还回去！"王某看见丈夫一副委屈而又可怜的样子跪在地上，而婆婆正凶神恶煞般地指着丈夫的鼻子骂。王某从没有看见丈夫这般可怜的样子，心里一疼，于是走过去拉丈夫，并对婆婆说：

"妈，这是怎么了呢？有话不能好好说吗？犯了多大的错误，至于下跪吗？"

"你算哪根葱，我这是在教训自己的儿子，关你啥事，一边凉快去！"婆婆听到王某的话，刚才好不容易快要平息的怒火一下子又上来了。"还不是怪你，让你不要那么虚荣，不要和人家有钱的相比，你偏爱虚荣，非要我儿子在你过生日的时候买钻戒，你又不是不知道，我们这小家小户的，哪有那么多的钱去买珠宝，这不，他为了给你买钻戒，拿了人家的回扣，结果被公司知道了，公司说要起诉呢！"婆婆一下子将矛头指向了媳妇。

"妈，你怎么又说到我身上了，我也只是说说而已，谁让他真买啊，再说，我怎么就爱慕虚荣了，莫名其妙！"王某觉得自己无端地挨了一顿骂，委屈不已，也十分生气。

"你还有理了，我看你俩联合起来要气死我这个老太婆，他爸啊，你在天有灵带我走吧，我辛辛苦苦将儿子拉扯大，现在他翅膀硬了，连同媳妇一起欺负我，我不想活了！"婆婆说着就大声地哭喊起来。

"王某，你就不要添乱了，这事和你没关系，你瞎掺和啥呀！赶紧给妈道歉！"丈夫看到妈妈又哭又喊的，于是大声冲着王某说。

"我还不是心疼你，你反而骂起我多管闲事了，真是狗咬吕洞宾，不识好人心，你们爱怎么折腾怎么折腾，我不管了！"王某气得要命，她知道这样闹腾下去，最后肯定是自己的错，她两面都不会落下好，而且，还会被两面攻击，自己又何必受这气呢！

其实，王某的故事不是个例，在现实生活中，类似的事情有很多。这也充分证明，当婆婆与丈夫之间出现矛盾、冲突的时候，媳妇最好装聋作哑，千万不要随意地掺和，更不要站到婆婆的对立面为丈夫出头，否则，这场战火只会烧到自己的身上，最终自己会成为"千古罪人"的。

婆媳相处有妙招

1. 远离婆婆与丈夫的"战火"

当婆婆与丈夫争吵或者婆婆在教训丈夫时，媳妇千万不要大惊小怪，看见了就假装自己没有看见，不要试图上前替丈夫出头。因为婆婆与丈夫毕竟是母子，不管他们之间有什么冲突，最终都会因为爱而烟消云散。但是，如果这个时候，媳妇上去插手，其性质就会发生变化，婆婆就会觉得媳妇在向自己叫板，其最终的结果可想而知。因此，当出现这种情况时，明智的媳妇都会有多远躲多远，等到他们的气消了，一切都会恢复正常的。

2. 婆婆与丈夫冷战时适当劝解

如果婆婆与丈夫争吵完后，两个人谁也不理谁，开始冷战，并且持续了好几天，那么作为媳妇的你就别再冷眼旁观了。这个时候，为了家庭的和睦，你应该站出来好好地劝劝他们。在婆婆面前，你要适当地为丈夫说话，当然一定要注意观察婆婆的脸色，见机行事；在丈夫面前，你要多为婆婆说好话。其实，当婆婆与丈夫冷战几天后，双方都已经冷静了下来，只不过可能不好意思先道歉，媳妇这个时候过来劝解，就相当于给了婆婆与丈夫一个台阶下，最终会顺利地将婆婆与丈夫间的矛盾化解。

婆媳掉河先救谁

很多父母在女儿出嫁之前都会告诫女儿："千万不要在你的婆婆面前让你丈夫为难。"其实，这真的是一种明智的告诫。因为丈夫是婆婆的儿子，是婆婆最为关心与疼爱的人，她绝对不能容忍哪个人伤害自己的儿子，也不允许哪个人给儿子出难题，让儿子为难。

所以，当媳妇给丈夫出难题或者让丈夫为难的时候，婆婆会将此视为对自己的挑衅。所以，聪明的媳妇都不会当着婆婆的面刁难丈夫，不会在婆婆面前问"婆媳掉河先救谁"之类的问题。否则，媳妇就极有可能要吃苦头了。

张某是一位中学语文教师。结婚后，她就曾经在婆婆面前给丈夫出过一道难题。那天，一大家子人一起吃过了午饭，就围坐在一起说话。大家的谈兴都很高。张某忽然对丈夫说："今天我就要考考你，看你到底是爱咱妈多一些还是爱我多一些。"旁边有人也怂恿，说："这个考验有趣，来来来，我们倒要看看你出个什么题。"

张某就说："请你当着我们大家的面，大声告诉我们答案——当我和咱妈同时掉进了水里，你先救谁？限你五秒内回答。"大家一听是这个问题，就有人惊叹："天呐！你怎么出这么一道公认的难题？可真够他回答的！"

大家的目光就不约而同地盯到被提问的人身上。张某的丈夫左右看了看，面露难色，但他还是大方地说："我肯定先救我妈！"说完之后，大家鼓起了掌，都说"孝顺啊，就是孝顺啊"。而张某自己却开心不起来了。

女人都想知道自己所爱的人到底有多爱自己，尽管她也知道他是真心爱自己的。可是女人总喜欢一次次地求证，所以才有了"婆媳掉河先救谁"的问题。其实，男人在妻子和母亲面前扮演的是两种不同的角色，肩负的是两种不同的责任，但最终都会归结到亲情上来。你要相信他，他很爱你，他也很爱他母亲。

婆媳相处有妙招

1. 不要总给丈夫出选择题

其实，类似自己和婆婆两个人掉进河里丈夫会先救谁的问题是男人最不好回答的问题，亲妈和妻子掉进河里，肯定最着急的是男人，他救谁不救谁都觉得为难，但不管救任何一方，就等于放弃了另一方，让他选择，他的心必然会很痛。所以，媳妇不要无缘无故，就给丈夫出这类选择题，既然嫁给他做了妻子，就应该充分相信他对自己的爱，不要无缘无故去吃醋，不要和自己的婆婆去争宠。丈夫对于亲妈的爱和对自己的爱，那根本就是两种意义的爱，尽管程度差不多，但是方式绝对不一样。

2. 将婆婆的事当作全家的大事

通常来说，对待婆婆的事情，媳妇要将之放在心上，否则，婆婆心中总是在不断地纠结着。人的年纪大了，其性格也会发生改变，往往会变得像个孩子似的。特别是婆婆吩咐的一些事情，如果自己觉得完成不了，就要及时与婆婆沟通，将自己的情况解释给婆婆听，千万不能随意地逞强。如果答应了婆婆，那么就不能敷衍了事，必须将其当作全家的大事来处理。要知道，婆婆可是一直都盯着你呢！

跷跷板定律

人与人之间的相处模式，就好像两个人一起玩跷跷板一样，只有保持双方支出的平衡与对等，跷跷板才能玩得爽快，两人相处才能和谐。一旦双方的交换出现了些许不平衡或者不对等，那么跷跷板就会失去平衡，人与人之间的关系也会出现裂痕。

徐某和婆婆的性格都比较强硬，婆婆属于强硬能干型，徐某属于雷厉风行型。正因为两人的性格都比较强势，生活在同一屋檐下，吵架似乎也就成了家常便饭。

这不，为了孩子上幼儿园的事，两个人又吵了起来。饭桌上，婆婆突然问儿媳妇说："你给孩子报的幼儿园是在她外婆家附近吗？"徐某"嗯"了一声。婆婆惊讶地说："你真的打算让我孙子天天住在他外婆家吗？我不同意！"

"妈，现在的幼儿园很难进，首先你得想到安全，再者质量也要好，那家幼儿园是公立的，很多政府部门干部家的孩子都是在那上幼儿园。""好幼儿园那么多为什么偏偏要选那家？"婆婆不满地说。

"我说了，现在好的幼儿园并不那么好进，再说了那边离我妈那也近。"徐某对婆婆说。婆婆说:"你是成心想让我孙子住在那边是不是?你把那退了,重新找一家幼儿园,远点也没关系,接送孩子的事不用麻烦你们!"

婆婆这么说,徐某很生气。就这样两人在饭桌上就吵开了,并且越吵越厉害。孩子在旁边"哇哇"地哭了起来。正吵着,徐某的丈夫回来了,他早就已经习惯了这两个人的争吵,鞋都没有换,进来抱起大哭的儿子就去外面吃饭了……

徐某和婆婆吵完,二人不欢而散地回到各自的房间里。一直到晚上临睡觉的时候,丈夫才抱着孩子回到家。徐某给孩子洗完澡,哄孩子睡着以后,无意中看见婆婆一个人静静地坐在自己房间的床上,背影看起来很孤单。

其实,徐某知道婆婆非常爱自己的小孙子,害怕他上了幼儿园以后,因为离外婆家近而天天去见外婆,甚至住到外婆家就跟自己不亲了。但是当和婆婆说起这个事的时候,婆婆的态度让徐某有些难以接受,所以才在无意识中提高了嗓门,大声地与之争论,以至于最后演变成了争吵。

徐某回到卧室后对自己的丈夫说:"妈的想法其实是可以理解的,毕竟是她一手将孩子带大的,如今要离开她去上幼儿园,她心里一定会舍不得。可是,老公,现在上好一点的幼儿园几乎都要排队等着报名,满额就进不去了。就我现在给儿子报名的那家还是我妈托人才进去的,你跟咱妈说说,让她同意这件事情。"

以前，徐某与婆婆也经常吵个不停，但她从来没有说过类似的话。所以，丈夫听到徐某这样说的时候，感到非常惊讶。看到丈夫一副惊呆了的样子，徐某笑着解释道："其实，我也不想总是与妈吵架，可能是我们两个人的个性都太强了，谁也不愿意退让。所以，一遇到事情就吵个没完没了。不过，我现在知道了，妈的年纪毕竟大了，我应该……"丈夫从她的话中明白自己的老妈与老婆都是为了这个家好，于是，就决定自己想办法调解她们两人间的关系。

这天，又因为那件事情两人争了起来，徐某的丈夫"啪"地一下把筷子按在桌子上说："都不要说了。"一下子，全家都安静了下来，因为徐某的丈夫从来都没有发过火，这是第一次。

事情压下去了，但问题并没有得到解决。过了一会儿，徐某的丈夫对徐某说："妈年纪大了，你怎么能这么跟妈说话？"徐某正要说什么，却见他转头对自己的母亲说："妈，孩子马上就上幼儿园了，现在好的幼儿园就像小徐说的那样不好进。现在好不容易有这个机会，你总不能让你宝贝孙子错过吧？再说了，孩子还是每天都回家的……"

儿子这么说，母亲心里渐渐地接受了，毕竟，比起儿媳妇，她更相信自己的儿子。就这样，持续很长一段时间的婆媳矛盾，居然被中间的男人轻轻松松化解了。

婆媳同在一个屋檐下，天天生活在一起，不同的价值观、思维方式、生活习惯以及对人对事的看法和处理方法都可能导致矛盾的发生。

尽管这样，婆婆与媳妇也应该尽可能地控制自己的情绪，避免争吵。因为争吵毕竟会对婆媳间的关系造成严重的不良影响，而且还会破坏家庭的和睦。这会对家庭中的每一个成员都带来负面影响，尤其是可能会对孩子造成极大的伤害。所以，当婆媳之间产生矛盾时，不应该肆无忌惮地争吵，而要彼此冷静下来，然后再想办法解决。

婆媳相处有妙招

1.男人的立场很重要

在婆媳关系中，处于中间的男人的立场是很重要的，他的立场往往决定婆媳矛盾是缓解还是激化。所以当婆媳之间发生矛盾，而丈夫却采取不闻不问的态度时，妻子应该告诉他不要只是逃避，他应该有自己的立场，有责任维护家庭的稳定。

2.让丈夫帮着做婆婆的思想工作

孝顺老人并不等于毫无主见，并不是什么事情都听婆婆的，一切都以婆婆为中心。因此，倘若确实是婆婆做得不对，媳妇不需要退让，当然，也不要直接与婆婆对着干，而应该让丈夫去帮着做婆婆的思想工作。在不对婆婆造成伤害的前提下，丈夫还是比较容易做好婆婆的思想工作的。

丈夫要学会把握婆媳之间"跷跷板"的平衡，以道理为准绳，不能总让一头高一头低。

　　另外，作为婆婆，属于儿子与媳妇之间的事情，最好不要强行干涉。如果真的有意见，也要静下心来，平心静气地与儿子、媳妇进行沟通。

语言婉转，收获满满

众所周知，说话也是一门了不得的艺术，需要我们认真地学习。因为一个人的言谈方式会对自己周围的人造成极大的影响。如果言谈恰当，那么会给我们带来极大的方便；如果言谈不当，那么可能会使我们遭遇麻烦。因此，我们应该懂得"语言"的重要性，要学会"说话"。在与婆婆相处的过程中，媳妇更应该重视语言艺术，多使用婉转的语言，那将非常有利于和谐家庭的建立。

平时，张某和婆婆相处得很不错。婆婆退休后，一直帮着小两口做饭、看孩子。自从孩子出生以来，整整三年时间，几乎一直是婆婆在带。张某打心里感激婆婆，对婆婆也很好。

孩子现在到了上幼儿园的时候，当张某把他送到幼儿园后，孩子似乎很不习惯。有一天，幼儿园的阿姨问张某："你们在家是不是一直喂小孩吃饭？"孩子长这么大，全靠他奶奶端着碗一口一口地喂。幼儿园的阿姨知道后说："怪不得你家孩子到了吃饭时间总是不吃不喝，专等着人喂。"幼儿园的阿姨告诉张某，孩子这样很容易惯出毛病的，以后尽量要让孩子自己动手，让他学着独立。张某觉得老师说得很有道理，婆婆的确是太宠孩子了，那样对孩子一点好处也没有。

接孩子回来后，吃晚饭时，张某给孩子盛了一碗饭，随意说了一句"以后自己吃，不要让别人喂了"。说者无心，听者有意，正好走过来的婆婆听到这句话，随后，婆婆的脸色一下子变得很难看，但张某当时并没有觉察出婆婆的异样。

没过几天，张某无意间听到了婆婆和邻居的聊天。邻居向婆婆数落了一番自己儿媳妇的不是，婆婆也说："媳妇就是不行，对她再好，也不会把咱当成一家人。"

张某自认为对婆婆很好，给自己的母亲买什么东西时，都会有婆婆一份，平时在家里婆婆干活时，她也总会帮忙。听到婆婆说她没把自己当成一家人，张某心里既委屈又难过。但是她总不能直接冲过去和婆婆争论吧。张某只好情绪低落地回到了家中。

张某的儿子在一旁玩耍，没有缠着她要这要那，张某也渐渐冷静了下来。她忽然想起这两天婆婆都是怪怪的，猛然间回忆起前两天曾对孩子说的话："不要让别人喂了。"难道婆婆一直对这句话耿耿于怀？想到这点以后，张某觉得豁然开朗。其实在日常生活中，婆婆对张某一直都很好，也很少跟她计较什么，是她自己随便说的一句话伤了婆婆的心。

晚上，张某为那句无意的话主动向婆婆做了解释，承认自己说话不当。误会解除后，婆婆自然不会再跟张某计较，婆媳两个人又和好如初了。

人们总说："说话要有分寸。"不管是在和别人还是其他亲人说话时，都要注意说话的方式和用词，否则就会因为语言不当而产生误会，甚至引发矛盾。就如案例中张某一句话引发婆婆的不满一样。虽然她是无心之语，并不是真的把婆婆当成外人，但是婆婆听起来却觉得不舒服，会以为她真的把自己当成外人。

假如张某当时对孩子说"以后自己吃，不要让奶奶喂了"，这样就不会掀起婆婆心中的"浪花"了。因为这句话既肯定了婆婆喂孩子的功劳，也肯定了婆婆对孩子的亲昵和关爱。

婆媳相处有妙招

1. 懂得维护别人的自尊心

自尊是一种十分奇妙的东西，你正面对它发起攻击，它反而会变得更强；但是如果你婉转一些，若有若无的一句话反而能将其拿下。因此，在日常生活中，说话一定要注意别人的敏感点，懂得维护别人的自尊心。尤其是媳妇与婆婆相处的时候更应该如此，千万不要因为大大咧咧而伤了婆婆的自尊心。

2. 注意与婆婆说话的方式

我们都知道，每个人在不同的场合有不同的身份，处于不同的位置，其说话的方式就应该不同。比如，在家中，面对婆婆、孩子的时候，就一定要注意说话的方式，注意说话的分寸，不能想怎么说就怎么说。那样很容易伤害了婆婆与孩子的心。

3. 说话不要带情绪

当你的心情十分苦闷或者非常烦躁的时候，而婆婆正好要与你交谈，此时，你一定要注意不能将这种负面情绪带入你们婆媳的交谈中，更不能口不择言地向婆婆发火。即便是婆婆让你心情很不爽时，你也不能在与婆婆说话时带情绪，而应该平心静气地与婆婆讲道理。

第七章
化解挑剔要柔和

多一分宽容，多一些笑脸

宽容别人其实就是宽容自己，宽容不仅让我们为自己营造出一个和谐的氛围，也让我们的心灵有了舒缓、放松的空间。

小禾和丈夫已经结婚一年，一直在外面租房住，为了能尽快攒钱买房，两人决定从这个月开始搬回家去和公婆一起住。

和公婆住在一起后，虽然房子的问题解决了，但伙食问题两人决定不能再依靠老人。于是小禾和丈夫商量，每个月都给婆婆上交一定的费用，作为伙食费。对这个建议，婆婆也欣然接受了。

就这样，日子风平浪静地一天天过着。然而，最近一段时间，小禾发现婆婆的脸色不太对劲，说话也越来越冲。这不，小禾看着电视剧无意中说道："这老人也太顽固了。"本来只不过是针对电视剧有感而发的一句话，却使婆婆变得阴阳怪气起来："是我们这些老家伙不中用了，还是现在的年轻人越来越精明了？连家里的费用都得老人出，总是想着啃老呢！"

婆婆的话，让小禾觉得非常纳闷，因为这个月的伙食费明明月初就已经交给婆婆了。想到这里，心直口快的小禾便说道："妈，这个月的费用我早就给您了。"

婆婆听了以后，很坚决地说小禾没有给她。

两个人就这样，因为费用到底给还是没给吵了很长时间，最后闹得不欢而散。

晚上冷静下来的小禾躺在床上想，婆婆年纪大了，记性不好，估计是一时把钱搁哪儿忘记了，自己应该理解老人，对老人宽容些。第二天下班后，小禾笑着拿出一沓钱交给婆婆："妈，对不起啊，这个月太忙了，估计把这个事给忘记了，这几天让您破费给我们买菜做饭，真是不好意思呀。"婆婆听了小禾的话，脸色这才渐渐缓和下来。

这件事情算是这么过去了。没想到几天以后，小禾刚回到家，婆婆就满脸愧疚地拉着她的手说："小禾啊，上次是妈错怪你了。妈老了，不中用了，你看你明明给了费用，我转身就忘了。"

原来，婆婆顺手把小禾给她的费用放在自己的大衣内兜里，但婆婆自己给忘记了。直到婆婆拿出大衣准备洗一下的时候才发现原来钱一直搁在里面。小禾的确是已经交了伙食费了。

这件事后，两个人的矛盾才得到了化解，关系也增进了不少。

在这个事例中，婆婆将媳妇已经上交的家里用钱的事忘在了脑后，还埋怨媳妇不懂事，与媳妇进行争论。其实这件事本是婆婆的错，因为婆婆年纪大了，记性不好，发生了这样的事。就连年轻人有时候都会忘记一些事情，何况是上了年纪的老人呢！所以，老人有时候有了错，年轻人应该理解和宽容，而不是斤斤计较，非要争出个谁是谁非。更何况，这种事情也是争论不清楚的。

一位心理学家做了一个实验。他分别让参加实验者用宽容和不宽容的心态回忆曾让自己受伤害的同一件事。结果显示：接受实验者在非宽容的心理状态下平均心率明显攀升，而且血压也明显升高了。从这个实验我们可以看出，宽容才有利于人的身心健康。

其实宽容是一种无声的教育，它在帮助犯错者改正错误的同时，也巧妙地维护了对方的自尊，减少了不必要的争执，使人与人的关系变得更加和谐。这样看来宽容不仅有利于人的身心健康，还能避免两个人相处过程中出现的很多误会和矛盾。正如教育家霍姆林斯基所说的那样："有时宽容引起的道德震动比惩罚更强烈。"

都说婆媳关系是世界上最微妙也最难处的关系。其实，婆媳关系到底难不难处，主要在于媳妇怎么看待这个问题。

婆媳相处有妙招

1. 理解婆婆不像对亲闺女那样对待媳妇

毕竟婆媳是没有血缘基础的一种亲属关系，媳妇对婆婆的要求不需要太高，因为很多媳妇并不能像对待自己的亲妈那样对待婆婆，所以也不要苛求婆婆像对待自己的亲闺女那样对待儿媳，比如婆婆有时候说一些见外的话，做一些见外的事，媳妇没必要放在心上。

2. 理解婆婆的"蛮不讲理"

作为媳妇应该理解婆婆的"严苛"甚至"蛮不讲理"。因为婆媳两个人的年龄毕竟差很多，出现代沟是不可避免的。对于年轻人认可的有些事情，她看不惯也是很正常的。其实好与坏、严厉与宠爱都是相互的。若是媳妇能以一颗宽容的心对待婆婆，凡事都不会和婆婆斤斤计较，那婆婆又怎么会处处跟媳妇过不去呢？

让步不代表坏事

在我们的日常生活中，处处暗藏着让步，开车让一步，走路让一步……可以说我们每个人时刻都在让步与被让步之间周旋，例如在谈判中，如果你可以做出一定的让步，那么对手就会相应地答应你所要求的条件，这样谈判才能得以继续。"让步"创造性地延展谈判的宽度，为双方创造更多缔约的可能性。

张某自从嫁给丈夫以后，和婆婆的关系就一直不冷不热，之所以会造成他们现在这样的情况，就是生活中一次次小摩擦的积累。

这不，昨天晚上婆媳两人就因为争看电视节目而发生了矛盾。婆婆年纪大，他们那代人更爱看戏，可张某受不了啊，听着那些咿咿呀呀的声音就抓狂，再说了她还有自己正在追的电视剧呢，一个星期才更新一次，绝对不能错过。于是，两个人便争了起来，争着争着自然争出了矛盾，最后闹得不欢而散，谁也没有看成电视。

昨天才闹过别扭，今天下午两个人又发生了不快。张某难得早下班一次，就去厨房做饭。然而吃饭的时候，婆婆吃了一口菜却说："这菜味道太重了。"张某说："这样才有味道。"婆婆却皱了一下眉说："天气这么热，吃清淡一点对身体好。"于是，两个人又你一句我一句地争了起来……

在和婆婆相处这方面，张某倒是应该多跟姐姐张某某学习学习。

"我婆婆最近迷恋上一部乡村电视剧，可是我跟你一样也在看最近很火的那部剧。有天晚上，我要看的电视剧刚开始，我就看见婆婆带着老花镜从卧室里出来了，于是我调到我婆婆喜欢看的台……"张某某跟自己的妹妹讲起了自己和婆婆之间的故事。

听着张某某的讲述，张某有点气不过："姐，你也太软弱了吧？"张某某笑了笑说："傻妹妹，跟婆婆相处不比跟外人，不能太争强好胜。再说了，没了电视我可以回卧室去看书呀。何必为了一个节目伤了婆媳关系呢？你把电视让给婆婆，其实她心里是知道的。你看就像我婆婆，虽然她当时嘴上什么也没说，可这些好她都记着呢。对我的态度也变得比以前更好了。"

听了姐姐的话，张某觉得有所领悟，但嘴里还是小声嘟囔："电视不看就不看呗，可我婆婆做的饭太清淡了，一点味道都没有。""那你可以在吃饭的时候放碟酱油在旁边啊，与婆婆相处，要懂得退让，老人辛辛苦苦做的饭菜，你还在这挑三拣四，她心里一定不是滋味，自然影响你俩的关系。你多退让一步反而会让两个人的关系更进一步。"姐姐这样告诉她。

　　婆媳之间的矛盾，多半是因为生活中一些琐碎的事情引起的，就如案例中张某和婆婆产生矛盾的原因一样。这些矛盾其实是可以避免的，如果张某不要太过斤斤计较，相处时懂得退让，那么她与婆婆的关系可能会很不一样。

婆媳相处有妙招

1. 老人有错不要当面指出

　　由于老人生活的年代不同，思想观念也有些守旧，自然与年轻人会有很多生活上的差异，有时候的确是婆婆错了，媳妇也不该当面指出来。我们知道，当面指出对方的错误，即便是同事或朋友有时也不容易接受，何况是婆婆？媳妇如果当面指出婆婆的错，会让她觉得自己做长辈的尊严受到了侵犯，为了竭力维护，她便会争辩到底，这样就很容易导致婆媳关系的急剧恶化。为了让婆媳之间的关系更和谐，媳妇不妨在一些小事上睁一只眼闭一只眼，如果是原则上的错误，的确有必要纠正，媳妇可以采取委婉、间接的方式，最好是善意地暗示出来，而不是指责。

2. 无论如何都不要和婆婆争吵

　　要明白老人的固执程度往往大于年轻人，当双方发生矛盾时，老人通常很难作出让步，所以年轻人应该适时作出妥协，多退让一步，这样既维护了老人的面子，又让婆婆记住了你的好。可能婆婆有时的确做得不对，但是作为媳妇也不应该和婆婆争吵，争吵不是聪明的媳妇会选择的方式。你不妨在当时作出适当的妥协，先把错误承认下来，等到婆婆冷静了再和她进行沟通。

先给"冷水",再给"热水"

这里有三杯水,有一杯温水、一杯热水和一杯冷水,我们来做一个小实验。当先把手放进冷水中,然后再放到温水中时,便会感到温水很热;而当先把手放到热水中,然后再放到温水中时,就会觉得温水很凉。其实是同样一杯温水,结果却出现两种不同的感受。这里面隐藏的奥秘想必大家也已经想到了。

苏某和丈夫结婚时就商量好了,俩人打算两年之后再要孩子。虽然婆婆一直都想抱孙子,经常唠叨着让儿子儿媳早点要孩子,但俩人也只是随声应付。

然而最近一段时间,苏某时不时地会觉得想吐。她无意中拿出床头柜的避孕药看了看,竟然发现那些药已经被人换过了。她去医院检查身体,结果她怀孕了!

这个检查结果让苏某的心全乱了。回到家以后,苏某将被换掉的避孕药扔在桌子上说:"这是怎么回事?"正在擦桌子的婆婆仍然自顾自地擦着桌子。"妈,这是您干的吧?是您把药换掉的吧?您怎么能这么做?"苏某生气地说。婆婆说:"你们现在年纪都不小了,赶紧生个孩子,我现在还可以帮你们带。""什么时候生孩子我们都是有计划的!"苏某说。

两个人越说越气,甚至争吵起来。最后,婆婆扔下手里的活赌气回到卧室去了,苏某则出门去找朋友诉苦去了。

往常,两个人发生了矛盾,不管是什么原因,为了不使婆媳关系恶化,苏某都会很快向婆婆道歉,可是这一次,婆婆等了很久都没有见儿媳妇来道歉。她明明看见儿媳妇回来了,但她却进了自己的房间……

一直到晚上睡觉的时候,出来接水的苏某看见婆婆一个人坐在沙发上。其实跟朋友聊过以后,经朋友开导的苏某已经不生婆婆的气了,也理解了婆婆急切想要抱孙子的心理。"妈,您怎么还不睡?"苏某走过去说。婆婆愣了一下说:"媳妇,妈这么做是不对,但妈也是为你们好……"苏某说:"妈,我知道。今天我不对,不该跟您那么说话。"听到苏某这么说,婆婆紧紧地拉住了苏某的手。

在本案例中,为了处理好婆媳关系,媳妇平时就对婆婆非常好,事事都迁就,两人若是发生了一点什么矛盾,即便不是她的错,她也会马上向婆婆承认错误。以至于婆婆已经形成了一种习惯,觉得无论什么事,媳妇总会主动认错。所以只要一有矛盾,她都等着儿媳来认错,并觉得这是理所当然的。但也正因为如此,当媳妇向她道歉的时候,她会表现得很习以为常。其实在婆媳相处的过程中,媳妇一味地迎合、迁就婆婆，并不一定是好事。或许媳妇可以试着，在向婆婆承认错误之前，先给她一盆"冷水"，之后再适时地奉上"热水"。这样的话，她就会更多地感受到媳妇的歉意是多么的珍贵和真诚。

有心理学家曾说，任何人心中都有一杆秤，只是秤砣既不一致，也不固定，它可以随着人心理的变化而变化。而冷热水效应所引起的心理变化就在很大程度上影响着人心里的"秤砣"。

了解冷热水效应，将它运用在婆媳相处的过程中，往往会更有奇效！

婆媳相处有妙招

1. 给婆婆"热水"前，不妨先给婆婆"冷水"

像上面的实验中所揭示的一样，媳妇经常给婆婆"热水"，她就会自然而然地降低对温度的感知度，而如果媳妇在给她一杯"热水"之前先给她一杯"冷水"，她反而就能很好地感受到水的热度。比如，媳妇一直对婆婆很好，她可能感觉不到这种好到底有多好，而当她在这之前如果感受过媳妇"冷漠"的态度，媳妇偶尔给的一次好，那就会让婆婆觉得媳妇很好，媳妇的好是多么重要。所以，作为媳妇，即使非常孝顺老人，也不要次次都对婆婆过"热"，要学会在"热"之前，先给她点"冷"。只有这样，婆婆才会真切地感觉到"热"的温度。

2. 要注意给"冷水"的度

当婆媳之间发生冲突时，媳妇在给婆婆"热水"前，先给婆婆一盆"冷水"，确实有助于解决婆婆与媳妇之间的矛盾。但是，媳妇一定要注意给"冷水"的度。如果媳妇所给的"冷水"过度了，比如，媳妇的"冷漠"态度过长，婆婆受了太长时间的冷落，已经对你这个媳妇寒心了，那么极有可能会弄巧成拙，即便你再给婆婆"热水"，婆婆已经不太愿意接受了。因此，凡事都要有个度，媳妇一定要掌握好。

讲理要有礼

在家中，聪明的女性切不要凡事都和婆婆理论个高低，分出个是非曲直。婆婆的歪理也是理。你可以不遵从，可以不当回事，但切不要"丁是丁，卯是卯"地和她较真。

公公婆婆就要来小晴家住了，小晴专门请了假和丈夫早早地去接他们。谁想到，高高兴兴地把公婆接来，第二天就发生了不愉快的事情。

那天，知道公婆在家，小晴提前一个小时就下班回家了，可当她推开自己房门的时候，竟然发现婆婆在她的房间里翻抽屉。小晴一下子冲了进去说："妈，你怎么随便翻我的东西？"婆婆没想到小晴会这么早回来，看见她也愣了，随后她便收起脸上的惊讶说："这房子还是我和你公公买的呢，我随便看看都不行吗？"

小晴最不喜欢的就是婆婆总是把"我们买的房子"这句话挂在嘴边，她面露不快地说："可是现在这房子是我在住，你凭什么翻我的东西？"婆婆也不高兴了，不甘示弱地说："我是你婆婆，我翻你东西怎么了？钱是我儿子辛辛苦苦挣来的，你自己看看，你衣柜里那么多衣服了，穿得过来吗？化妆品买了一大堆，你用得完吗？我儿子的钱都被你败光了！"

小晴听了这话，实在气不过，就跟婆婆吵起来。公公听到了，过来想要将婆婆拉走，婆婆很生气，就是不走，反而与小晴越吵越凶……

随着这次冲突的发生，小晴和婆婆之间的矛盾变得越来越多。其实每一次都不过是因为一点小事情，但是两个人却因为谁都不肯让谁，反而使得每一次争吵都像拍皮球一样，越用力越反弹，越吵越凶，家里的气氛也变得越来越凝重了。婆婆开始不断向自己的儿子抱怨，说小晴不会当家，太懒，碗要泡几天才洗，衣服攒一堆了也不洗，让男人洗衣服，挣钱没儿子多，还这么娇气……这些话被小晴听到了，她自然不高兴，火气也上来了。于是，两个人又是一阵你来我去，相互指责，公公跟丈夫两个男人，劝哪个也劝不下。就这样，原本温馨的家，一下成了战场。

小晴有几个姐妹经常会有聚会，这周正好轮到小晴。这天，因为有亲戚结婚，小晴的公婆去喝喜酒了，小晴更是乐得清闲。从超市买来鱼、肉、蔬菜、饮料等，开心地等着姐妹们的到来。

姐妹们都来了，大家坐在客厅里开开心心地玩到下午。正当大家要起身告别的时候，小晴的公婆回家了。大家忙热情地跟他们打招呼，可婆婆看到她们，脸色一下难看起来，也没打招呼就转身做自己的事去了……

送走了姐妹们，小晴心里其实很生气，但是什么也没说。倒是婆婆先开了口："你看你像什么样子！一到周末，不是去买衣服，就是请朋友吃吃喝喝……"小晴已经决心要努力处好婆媳关系了，于是她没像以前那样和婆婆吵，而是笑着说："平时上班那么辛苦，周末才有时间逛街、聚会呀，难道妈希望自己的儿媳妇是个工作狂，只会死板地坐在办公桌前吗？"

面对小晴的态度，婆婆虽然嘴上说"那也不像样"，但是语气上却缓和了很多，完全不像是吵架的语气。看到婆婆脸上的怒气一点点消失，小晴很开心，原来自己不拍婆婆"皮球"时，双方的矛盾化解得如此之快。

从客观角度来讲，小晴本没有多大的错误，婆婆也不是恶婆婆。在琐碎的家庭生活中，两个人难免会有一些小摩擦、小矛盾。这些冲突本没什么，但是她们两个因为不能控制自己的情绪，而使得争吵越来越激烈。

婆媳相处有妙招

1. 婆婆有错也不顶撞

不管怎么说，媳妇和作为长辈的婆婆吵架总是不对的。更何况吵架并不能解决问题，反而会使两个人的关系越来越僵。所以，当媳妇与婆婆发生冲突时，尽量不要为了争出谁是谁非而去顶撞婆婆。即便真的是婆婆错了，或者是她实在很过分，那也不要急着反驳、争辩，而是等彼此都冷静了，再好好坐下来谈一谈。这样，才是解决问题的最好方式。

2. 留一段冷静时间

当婆婆与媳妇之间因为意见不统一而发生争执时，聪明的媳妇都懂得给大家一段冷静的时间。比如，聪明的媳妇会说："妈，我们现在都比较激动，这件事情，我们先不要谈了，等我们冷静下来，明天再讨论好吗？"当婆婆与媳妇冷静一段时间后，必然不会再冲动地大吵大闹了，而是坐下来一起商量最佳的解决方案。

良言一句三冬暖

人都是一个独立的个体，每个人都应有自己独特的思维、价值观和处事态度。当两个人或一群人相碰撞的时候难免会出现误解、嫉妒或分歧，而在生活过程中也难免会出现一些小摩擦、小矛盾。人在受到恶性刺激的时候，会自然而然地产生一些不良情绪。出现这种情况后，我们不能放任自己的负面情绪去支配自己，做出过激反应，比如对对方进行言语或者其他方面的攻击。要知道恶语相向、以牙还牙不仅解决不了问题，反而会升级矛盾程度，让原本可以忽略不计的不满与误解变成无法回头的愤怒，甚至仇恨。

洋洋和婆婆平时相处得不错，婆婆对洋洋也很好，但是婆婆一有什么事情就会和村里那群老太太聊，这点让洋洋受不了。比如，洋洋和丈夫为什么闹了别扭，洋洋买了什么昂贵又不实用的东西，婆婆都会第一时间出去"宣扬"。每当洋洋跟自己的丈夫说"你能不能让妈别总跟人家说家里的事"时，丈夫便劝她说："老人嘛，平时没什么事可做，就只好在一起拉拉家常，再说了，这些事对咱的生活又没什么影响。"听丈夫这样说，洋洋也不好再说什么，虽然她心里对此还是很不高兴，但也不去跟婆婆计较。

有一天，下班回来的洋洋刚走到街头，就看见两个老太太对着她指指点点，还说她是个不知道心疼丈夫、不知道节省的媳妇。洋洋知道一定是婆婆在她们面前说了自己的坏话。昨天是周末，洋洋和好朋友出去逛街买了不少衣服，婆婆看见了，知道了那些衣服的价钱后既惊讶又不高兴，语带讽刺地说了洋洋几句。洋洋哪里能听得下去，何况那些钱都是她自己赚的，于是两个人因此而发生了冲突。洋洋没想到，婆婆竟然在外人面前把自己说成那样的人，心里越想越生气。

吃过午饭后，洋洋便去找好朋友诉苦了。每当洋洋心里有什么委屈，想不开的时候总会去找她说说话。洋洋进到朋友家就开始大倒苦水。"嫁到他们家真是一天好日子也没有，在家里受婆婆气也就算了，没想到她还总在外人面前宣扬家里的事，搞得家里一点隐私也没有，这么大年纪不知道家丑不可外扬吗？""家里有这么个婆婆可是真够累的，可又不能跟丈夫说，说了也没用……"洋洋向朋友大倒心中苦水，将自己对婆婆的不满悉数说出来以后，反而觉得心里轻松了不少。

然而，谁也没想到这场诉苦却引发了一场更大的家庭矛盾。原来，洋洋好友的妈妈无意间听到了洋洋对她女儿说的话，竟对邻居说洋洋抱怨自己有一个坏婆婆……

这些话自然也进了婆婆的耳朵。

"受了婆婆的气，跟丈夫不能说，跟朋友也不能说吗？"也许很多媳妇会这么说。于是已婚女人聚在一起时，也常会谈论起家里那个"恶婆婆"。但正如俗话说的那样："世上没有不透风的墙。"那些话极有可能传到婆婆耳朵里，而且当那些话传到她耳朵里的时候，多半已经经过了添油加醋的粉饰。

就如案例中的情形一样。洋洋不过是因为婆婆在外人面前说了自己的坏话，于是她也在好友那里发了发牢骚，说了几句婆婆的不是，结果那些牢骚却传到了婆婆的耳朵里。婆婆从外人嘴里听到的那些话，多多少少都会有些变质，这样更容易引发婆媳之间的矛盾。

婆媳相处有妙招

1. 包容婆婆，不要以牙还牙

俗话说："家丑不可外扬。"不管与婆婆发生怎样的矛盾，作为媳妇，都不应该在外人面前说婆婆的不是。即使明知道婆婆在外人面前说了自己的坏话，也没必要以牙还牙，以眼还眼，否则，媳妇和"多话"的婆婆有什么区别呢？聪明的儿媳在知道婆婆说她闲话的时候，不仅不会以牙还牙，反而在别人面前说婆婆的好。即使婆婆对她百般刁难，她也依然以德报怨。"公道自在人心"，孰对孰错，自是一目了然。何况，当媳妇的话传到婆婆耳朵里，她很有可能就意识到自己的错误了。

2. 不在丈夫面前说婆婆的不是

作为媳妇应该明白，不光不能在外人面前说自家婆婆的闲话，在自己的丈夫面前，也尽量不要说婆婆的不是。要知道，他是你的丈夫，但他更是你婆婆的儿子，与婆婆有着割舍不断的血脉联系，有谁愿意听别人数落自己妈妈的不是呢？即使丈夫明知道是自己母亲错了，也会让妻子忍让一下。毕竟孝顺是第一位的，老人年纪大了让着点也是无可厚非的。如果妻子依然一味地抱怨婆婆如何如何不好，那只会让丈夫觉得妻子不够孝顺，不懂事，甚至会因此产生厌烦的心理。这样就得不偿失了。

不要吝啬那一声"妈"

其实，尝试做婆婆的女儿，是一件挺困难的事情。毕竟在许多教条、文章、忠告中，都提及不要轻易去尝试做婆婆的女儿。但是，相比较而言，聪明的媳妇还是应该有一份尝试做婆婆女儿的心思，朝这个方向努力一番。真的努力去做了，反而会收到意想不到的效果。毕竟人是讲感情的。

第一次去张某家，琪琪为了给未来的公公婆婆留下一个好印象，不仅格外上心地将自己打扮了一番，而且还买了一大堆礼物。到了张家，琪琪左一个"阿姨"右一个"阿姨"地叫着，使得张某的母亲直夸她人长得漂亮，嘴巴也甜。

琪琪看见阿姨一个人在厨房忙碌，便积极地过去帮忙。吃饭的时候，她还一个劲儿地给阿姨夹菜，吃完饭后又抢着洗碗。以后，琪琪每次到张某家，都会给张某的妈妈带礼物，有吃的喝的，穿的用的，还热情地帮她干这干那。张某的妈妈对琪琪非常满意，觉得自己就像平白捡了个亲闺女一样，到处炫耀自己未来的儿媳嘴巴甜，懂礼貌，眼里有老人。

张某和琪琪结婚不久，张某的妈妈退休了，于是给家人做饭成了她的工作。琪琪在结婚以后，还是管自己的婆婆叫"阿姨"。起初，张某的妈妈虽然心里觉得别扭，但是想到两个人结婚不久，琪琪一时肯定会有些不适应，应该给她一个适应的过程。

可能是琪琪未过门的时候就让婆婆觉得她跟自己的闺女一样，所以婆婆也像对待自己女儿一样对待她。因为觉得琪琪上班辛苦，每次吃完晚饭，婆婆从来不叫她洗碗，家务活也很少让她干。

然而，结婚之后的琪琪和结婚之前的她简直判若两人。自从嫁进张家，她嘴巴不甜了，从来不叫婆婆一声"妈"；人也不勤快了，每次吃完饭，也不主动洗碗了。

有一次周末，琪琪跟丈夫在家休息。上午的时候，婆婆刚想出去问儿子儿媳想吃什么，她好中午做，就听到看电视的儿子跟儿媳说："中午咱们吃排骨吧，我去买，你来做吧。"谁知，儿媳却说："你在家好好看你的电视吧！让你妈做吧，她做得好吃。"

琪琪的婆婆推门出来，儿子看到妈妈显得有些尴尬，儿媳却一本正经地看着电视。婆婆故意说："你们想吃什么呀？妈去做。"儿子说："妈，我去买点排骨咱们吃吧。"说着儿子要起身，琪琪悄悄在他后面捏了一把说："你看电视吧，你不会买，你妈知道哪儿的排骨好。"

琪琪的言行像一根刺一样刺进了老人的心：自己像亲闺女般待她，结婚有一段时间了，她却连一声"妈"也没叫过，饭没做过，碗也没再洗过。婆婆越想越难过，越想越生气。她对自己的儿子说："妈突然觉得有点不舒服，要不中午你们做饭吧，想吃什么都行！"

渐渐地，琪琪的婆婆也不积极做饭了。有一次周末，当琪琪睡到自然醒后，一看时间已经十一点多了。往常这个时候，婆婆早就叫她起来吃饭了。琪琪起来以后，发现家里竟然一个人都没有。

肚子有些饿的她走进厨房一看，发现冰箱里竟然放着一些剩菜剩饭。原来他们都已经吃过饭了。琪琪心里有些不高兴。这时婆婆刚好从外面回来，她径自走过琪琪身边，将手中的水果放进水槽洗了起来。那样子，好像琪琪就是陌生人一样。

"我来帮你。"想起之前自己母亲的批评教育，琪琪主动过去帮婆婆洗了起来。见儿媳主动，婆婆几天里的生硬态度也稍微缓和了一点儿。琪琪看到了婆婆对自己态度上的细微变化后心想，看来母亲说得有道理，只有对婆婆好，把婆婆当成自己人，婆婆才会把媳妇当成自己人。

"妈，晚上我陪你去买菜吧，反正是周末，我也没什么事干。"琪琪的这句话让婆婆的心起了巨大的波澜，当然并不是因为她主动提出陪婆婆去买菜，而是因为她叫了一声"妈"。

案例中的媳妇在结婚之前，为了给未来婆婆留下一个好印象，又是夹菜，又是洗碗，和未来婆婆相处起来就好像是一家人一样。她的这些举动，成功地让她走进了未来婆婆的心。然而结婚之后，媳妇的变化渐渐让婆婆感到了不满，尤其是她管婆婆叫"阿姨"，更是让婆婆觉得，媳妇并没有把她当成自己的妈。

婆媳相处有妙招

1. 少用"你妈……"多用"咱妈……"

虽然说婆婆不会像媳妇的亲生妈妈那样宽容，可能也不会真把媳妇当成自己的女儿，但当她在背后听见媳妇用"你妈"来称呼她，心里多少还是会有些不痛快，毕竟，这个"你妈"表明对婆婆的态度是"她是丈夫的妈，不是我妈，别指望我把她当成亲妈来对待"。其实无论从道德观念还是家庭伦理来说，媳妇都应该用"妈"来称呼婆婆，在人前人后多叫几声"妈"。

2. 陪婆婆去做菜

如果媳妇是个上班族，每天为工作忙忙碌碌，做饭的事一直是婆婆在做，那么周末的时候不妨主动去陪婆婆做饭。这样的举动自然会温暖老人的心。有时间的时候还可以帮助婆婆洗碗。两个人一起做这些家务，关系就自然变得和谐。

3. 说一声："妈，您辛苦了"

婆婆帮忙做家务，帮忙照顾孩子，这些并不是她的义务，所以媳妇也不要觉得理所当然。婆婆之所以乐意做这样的事情，完全是因为她深厚的母爱。媳妇的一声"您辛苦了"，虽然是一句很简单的话，却能让婆婆从心底感觉到温暖。

适时迎合婆婆的喜好

古语所说的"英雄所见略同"，用在处世之道上也是让人受益匪浅。志同道合的人才能谈到一起，只有志趣相投的人才能相处得最为融洽和舒心。又所谓"话不投机半句多"，人际交往中，如果不顾及他人的兴趣和爱好自顾自地畅谈自己感兴趣的话题，往往会让人感到反感，甚至于造成无谓的争论，从而破坏正常的人际交往。

媛媛的婆婆是一位退休干部，在任时做思想政治工作那是她的长项。退休回家后，老太太也不丢弃自己的本行，在家里继续发挥"余热"。而媛媛则是个大大咧咧，说话也比较随便的人，婆婆怎么能对她放任自流呢？自然媛媛就成了婆婆改造的对象。但有意思的是，婆婆对于媛媛采取的是迂回改造法。明明想要改造的是媛媛，但一般不对媛媛直接进行思想工作，而是通过媛媛的丈夫来"改造"媛媛。

媛媛曾对她的好友说："其实这比直接给我做思想工作更让我觉得有压力。"

案例中的媳妇平时一副大大咧咧的样子，说话从来不注意，心直口快有什么说什么不算，还喜欢开玩笑，其实这不过是一个人的性格而已，然而她却遇到了一个做思想工作的婆婆，这样，两个人之间自然会有很多矛盾。受到以前所做工作的影响，婆婆不可能对媳妇那些本无关紧要的言行置之不理。

媳妇要想家中减少一些不和谐的杂音，不妨去适当地迎合婆婆的喜好。多做婆婆"喜欢"的事，婆婆自然会喜欢你。

婆媳相处有妙招

1.承认婆婆的教育有积极的一面

作为媳妇，首先要承认婆婆的教育有其积极的一面，然后再投其所好地赞扬她。需要提出的一点是，老人的逆反心理很重，如果你越不听她说的，她就会越变本加厉地教育你。而当媳妇承认婆婆教育的积极性时，婆婆就会觉得媳妇与她的思想很接近，这样她就不会整天不放心地跟在后面说教了。

2.选择性地与婆婆进行交流

婆媳毕竟是成长于不同年代的两代人，代沟是不可避免的。对事物的认知乃至大的价值观都会发生分歧，婆婆有时候对媳妇的一些观点无法理解，这也是一种正常的现象。所以说作为媳妇没必要为了迎合婆婆而刻意改变自己，当然也不应该强迫婆婆去接受年轻人的观点。那么出现这种情况，媳妇应该怎么做呢？不妨先把那些婆婆不能接受的东西隐藏起来，用她喜欢的观点和方式与她交流。投其所好，可能会取得事半功倍的效果。

不要责怪婆婆乱干涉

婆婆作为丈夫的母亲，对丈夫的生活环境和生活状态进行参与是很常见的情况。而对于婆婆会干涉儿子小家庭的种种事务，媳妇总表现出老人管的太多，影响到自己的生活规律，尽管理解婆婆是出于好心，但还是让人接受不了。

王女士午休时和同事聊天说："今天下午我丈夫给我打电话，说婆婆去过我们新家了，说我晾被单的衣架不好，容易掉，换了她之前拿来的衣架重新晾上了。我一听就生气了，大声说，谁说会掉的，别让她换，你看它掉不掉？掉了我负责！你妈干吗总是往咱家跑，干吗总是找我的茬。凭什么我什么都得按她说的办啊？还没等我丈夫说话，我就直接把电话给挂了。"

旁边一位章女士也说："昨天我婆婆竟然让一个陌生人进了我家。那个陌生人说是楼上六楼的，装修房子，想看看我们的装修以便他装修时作为参考，婆婆居然就大方地让他进来了。我婆婆还强调是那个人硬闯进来的，她根本没同意。我心想：你不开门，他能进来吗？万一是小偷怎么办啊？吃完饭，婆婆还说因为不会用我们家的洗衣机，就没都我们洗衣服。还问我昨天晚上干什么了？那言外之意就是——你怎么那么懒，连衣服都不洗？我每天上班那么累，她在家闲着也是闲着，洗个衣服怎么了？"

一旁的刘女士更气愤，她说："婆婆竟然问我——我们现在是不是在避孕？这多让人难为情啊。"

婆婆干涉媳妇家务的事情是比较常见的。婆婆干涉媳妇的家政，往往会给媳妇带来不快。为什么会有不舒服的感觉呢？这是因为婆婆的过多干预会让媳妇觉得自己没有主权可言，自己的事情都无法做主，婆婆总是左右媳妇的生活方式，这让媳妇觉得挺别扭的。

婆媳相处有妙招

1. 要有种平常心，坦然处之

其实媳妇自己也知道，婆婆的横加干涉，并没有恶意，也是为了自己好，但是自己觉得不爽快，那只是因为相互之间的生活观念和生活方式不一样而已。试想有哪个婆婆愿意恶意干涉孩子的生活？她总是从自己的内心出发，觉得自己的做法是对儿子和儿媳妇有利的，是为了他们好，所以才去干涉，去唠叨。聪明的媳妇应该有这样的认知，这是面对婆婆的干涉，处理好婆媳关系的基础。有了这样的认识之后，就要抱着一颗平常心，坦然处之，大可不必将婆婆的干预说得歇斯底里，也不要有恶意对抗的心理，否则是永远也无法处理好婆婆对自己生活的干涉这件事的。

2.虚心接受婆婆的建议

婆婆毕竟是过来人，在很多事情上有她的经验，她的观点在一定程度上是有可借鉴之处的，虽然也有着时代的局限性。作为媳妇，虽然有时候觉得不耐烦，但是静下心来仔细考虑考虑，婆婆的干涉，有时候也是有点道理的。

学会用善意的谎言

和婆婆相处，若是一直按部就班，规规矩矩，虽说是对的，但是还是显得呆板一些，不够灵活。更何况，在日常生活中有些时候实话实说反而不好。聪明的女性适时地跟婆婆撒撒善意的谎言，反而比实打实地说话和做事要来得得体。

当婆婆看到你一脸的憔悴和哀怨时，自然而然地就会猜想，肯定是小两口吵架了。作为婆婆是一定要问一句："是不是你们俩又打架了？发生什么事了？跟我说说。"其实这时候，老太太最怕你回答"是"了。因为，老太太最担心的就是儿子和儿媳妇吵架了。

小两口吵架，担心的是在一旁看着却什么也帮不上忙的老人。所以对于儿媳妇来说，纵使真的吵架了，只要没有什么大不了的，还是能不让婆婆知道就不让她知道，撒谎告诉她昨晚加班了，或者说这段时间有点忙，蒙混过去。这也是聪明媳妇处理吵架的方法。这样做，其实是为了不让老人家担心。说一个善意的谎言，纵使老太太明知道是谎话，但多少还是觉得有些欣慰的，因为在她看来，虽然小两口吵架了，但儿媳妇撒谎不告诉自己，就说明儿媳妇还顾忌她这个做婆婆的，也说明儿媳妇是明事理的，不是那种得理不饶人，或者无理争三分的主儿，儿媳妇顾着老人不想让老人知道也说明儿子和儿媳妇之间的关系并没有恶化到令人担心的地步。这样，老人家就能安心了。有的时候，她需要这样一个善意的谎言。

我们需要明白，在哪些方面可以跟婆婆撒谎，哪些方面不可以跟婆婆撒谎。撒谎，是要分时间和事情的。有的时候不能够撒谎，有的事情不能够撒谎。那么，什么情况下可以跟婆婆撒个谎呢？当然是你觉得当婆婆知道真相的时候会担心、会难过的时候。

婆媳相处有妙招

1. 工作上的事可以和婆婆撒谎

当你的工作出现危机，婆婆看出端倪，担心地问你是不是工作上有什么压力，你想一想，如果告诉她实情，她也无法帮你解决什么问题，只是徒增她的烦恼罢了，那么，就可以不跟她说实话。可有些事情，是无法瞒得住的，你不跟她说实话她也会打听到，那么，就干脆不撒谎，实话实说就是了。

2. 撒谎也要心怀善意

聪明的儿媳跟婆婆撒谎，首要的是要怀着善意的心，出发点一定是为了婆婆好，为了婆媳关系好，为了家庭的和睦，要做到用善意的谎言而非恶意的欺骗。善意的谎言会让婆媳关系升温，会让婆婆感觉到媳妇的关心和照顾，内心是感动与欣慰的。而恶意的谎言出发点就是错的，只能带来伤害。这种伤害不仅是对婆婆，对婆媳关系，甚至会影响到夫妻的和睦。善意的谎言是一门艺术，是一种境界。聪明的儿媳总会把握善意的谎言，让婆婆在谎言中也能得到安慰。

第八章
孩子是婆媳沟通的好桥梁

巧用乳名拉近关系

我们都知道，孩子出生后需要给宝宝起名字。而给孩子起名字可是一件大事，对孩子的未来有着重大的影响。聪明的媳妇会将自己的公婆算进来，即便不能让公婆帮着决定大名，也会请老人帮着孩子取乳名。

让婆婆给孩子取名字，也是有技巧可言的。一般情况下，年轻人相不中老人给取的名字。因为两代人的生活观念和知识层次有差别，接触的文化也有差异，所取的名字自然就截然不同。在很多情况下，老人给孩子取的名字太过呆板、保守、不新颖、没有个性。但是，你还是应该让老人参与其中。这不仅是对老人的尊重，而且也有利于婆媳的关系。

丽丽是杨家的媳妇，自从嫁到杨家之后，一直与婆婆的关系不冷不热。丽丽很清楚与婆婆搞好关系的重要性，所以她一直在努力改善与婆婆之间的关系，但是，最终的效果都不是很好。婆婆倒没有表现出不喜欢她，但却与她一点儿也不亲近，这种情况一直维持到丽丽怀孕。

自从丽丽怀孕之后，婆婆对她的态度亲热了许多。怀胎十月后，丽丽为杨家生了一个可爱的女儿。作为媳妇的丽丽在为宝宝起名的时候，非常聪明地将自己的公婆算了进来，再三邀请公婆为自己的女儿取乳名。最后，全家人经过商量采用了婆婆取的一个乳名。这让婆婆非常开心，而且还主动改善与丽丽之间的关系。从此，婆媳俩的关系变得十分亲密……

让婆婆帮着给孩子取乳名，是联系婆媳关系，促使婆媳更加亲密的一个非常好的方式。所以，如果你与婆婆的关系不是特别融洽，那么不妨在给孩子取名字的时候，邀请老人加入其中，即便是一个乳名，也可以让婆婆感动不已，从而大大改善婆媳关系。

婆媳相处有妙招

1. 孩子取名勿忘公婆

在现实生活中，有些媳妇觉得，孩子是自己的，给孩子取名字，只要自己与丈夫商量好就可以了，根本不需要与公婆商量，取好名字后直接告诉公婆结果就可以了。其实，这是一种欠考虑的做法。公婆不仅是媳妇的长辈，而且也是孩子的爷爷奶奶。给孩子取名字是一件大事，即便不使用公婆所取的名字，也应该与公婆商量一下。这是对公婆的尊重，同时也是家庭和睦的基础。

2. 让老人帮孩子取名有技巧

很多媳妇都担心，如果让公婆帮着给孩子取名，可能取出来的名字不讨人喜欢。其实，这其中有一个小技巧。在邀请公婆为孩子取名时，聪明的媳妇会抢先对公婆说："爸，妈，您给孩子取个乳名吧。"老人家也许会推却，这时候聪明媳妇就会一再坚持："爸，妈，就取一个呗。爷爷奶奶给孙子取个乳名，多好啊！"在这里之所以一再强调是取个乳名，是因为乳名相对于学名当然次要一些，纵使婆婆和公公给孩子取的名字不算新颖，没有个性，不合你的意，但那毕竟是乳名，叫到一定的年龄，也就慢慢地不再叫了，而孩子的学名是要跟随他一辈子的，这里学名的取名权已经被聪明的媳妇给巧妙地保留了。

当婆婆和公公给孩子取了乳名之后，自然不好意思再霸占取学名的权利了。假如公婆真要继续参与给孩子取学名，那么，聪明的媳妇也就会有理由拒绝了，那时候拒绝老人给取的名字，而选用自己取的名字，也就无可厚非，让老人说不出什么了。

孩子穿着，各有心得

有人说，家庭中孩子的穿衣打扮问题，不仅展示了这家人的穿衣风格，而且也说明了婆媳关系究竟怎样。为什么会这么说呢？因为孩子的穿衣打扮本身就是一门学问，而且还是一门有婆婆参与的学问。如果作为媳妇的你，懂得利用孩子穿衣打扮这类事来协调与婆婆的关系，那么你必然是一个聪明的媳妇。

珍珍是张家的媳妇，很懂婆媳相处之道，与婆婆的关系非常好。后来，珍珍怀孕了，为张家生了一个可爱的小公主。婆婆很疼这个小孙女，为小宝宝买了很多漂亮的衣服。每次珍珍带着女儿去看婆婆的时候，都会特意将婆婆买的衣服找出来给女儿穿上。遇到街坊邻居，珍珍也总是说婆婆的好话："我妈可疼我女儿了，看，我女儿身上穿的衣服，都是我妈买的……"

婆婆每次看到可爱的小孙女都很高兴，尤其是看到小孙女穿着自己买的衣服，那心里就更舒服了，觉得自己的媳妇很尊重自己。于是，珍珍与婆婆的关系变得更好了，就好像亲母女似的。街坊邻居提起这婆媳俩都会说，她们真的是一对模范婆媳啊！

毫无疑问，珍珍是一个聪明的媳妇，她懂得适时地用婆婆买的衣服来拉近与婆婆的关系。所以，当婆婆要来你家或者你打算到婆婆家的时候，不妨像故事中的珍珍那样提前将婆婆给孩子买的衣服和饰物拿出来，给孩子穿戴上，好让老人看到，让婆婆知道，她所买的东西都是被重视与欢迎的。这样一来，她的心里就会感觉到很大的成就感，会感到很欣慰。

试想一下，假如你给婆婆送了一件外衣，结果几年下来了，你也没有见她穿过一次，那你心里会有什么样的感受呢？反过来，你经常看到她穿着你送她的外套，又会有怎样的感想？由此及彼，聪明的你就会理解，在适当的时候，一定要给你的孩子穿上婆婆给买的衣服，戴上婆婆给送的饰物是多么重要的一件事情。

婆媳相处有妙招

1. 孩子的装扮迎合婆婆的审美观

人与人是不同的，其审美观也存在着很大的差别。婆婆与媳妇的审美观自然也不相同。不过，聪明的媳妇都会在孩子的装扮上，适当地迎合一下婆婆的审美观。

比如，你了解到自己的婆婆是一个不苟言笑，十分严肃的人，那么，在与婆婆相处的时候，就不要过于活泼，不要随便讲笑话，而是要态度谦卑一点、庄重一些。具体到对孩子的装扮上，就要尽力地与婆婆的审美志趣接近，甚至是吻合。至少在自己的孩子和婆婆见面的时候，就别给孩子穿过于活泼、鲜艳、夺目的衣服和装饰。要把孩子装扮得乖巧而不轻佻、朴素而不张扬。这样，在你婆婆的眼中，孩子才是可爱的，才是她所喜欢的。继而，她也会慢慢地接受你的审美，赞同你的思想。

2. 别过度迎合婆婆而让孩子"与众不同"

尽管在孩子的装扮问题上，媳妇可以迎合一下自家婆婆的审美观，但是也没有必要完全按照婆婆的审美观来，将婆婆买的所有衣服与饰品都当成宝。因为婆婆的审美观不一定能够跟得上时代的步伐，也很有可能是老眼光，显得过时。你只要在适当的时候，适度迎合和夸赞即可，如果完全迎合和赞同，难免将自己的孩子装扮成一个与周围孩子格格不入的人。

3. 多与婆婆探讨孩子的装扮问题

在孩子的装扮问题上，聪明的媳妇都会开动脑筋，既适当地尊重婆婆，迎合婆婆的审美观，又不会让自己的孩子真的与其他孩子格格不入。那她们是怎么做的呢？答案很简单，那就是多与婆婆探讨一下孩子的装扮问题。谈谈自己家的孩子如何穿戴，也谈谈别人家的孩子如何穿戴。

在这个过程中，潜移默化地影响婆婆的审美观，让婆婆接受一下现代元素。而且，多与婆婆探讨还能够加深媳妇与婆婆之间的交流，增进彼此的感情。

多让孩子听婆婆讲话

　　在孩子的教育问题上，婆婆与媳妇可能存在着不同的看法。聪明的媳妇不会断然否定婆婆的看法，也不会拒绝婆婆参与到教育孩子中来，而是会主动地让孩子多与婆婆接触，多听婆婆讲话。

　　有这样一个媳妇，很精明能干，家里家外的事情，她都能独立担当。尤其是在孩子的问题上，她总是自己解决，基本上不用孩子的爸爸与爷爷奶奶插手。

　　在孩子没有上幼儿园之前，她每天大部分时间都陪着孩子。在家中，她收拾房间的时候，也会将孩子放在身边，一边收拾一边逗孩子；外出买菜的时候，她会抱着孩子一起去。总之，就是不管是在家里，还是外出，她都尽可能地与孩子在一起。即便孩子的奶奶过来帮忙看孩子，她也总是不放心。孩子的奶奶还没有跟孩子说几句话，她就抱过去了。

　　后来，孩子上了幼儿园，她就每天接送孩子上幼儿园。周末休息的时候，她经常与孩子一起做游戏，或者带孩子出去玩等。很多时候，孩子的奶奶刚来到孩子身边，与孩子相处才一会儿，她就出现，破坏了这祖孙俩进行感情交流的机会。不过，这倒是让孩子的奶奶省心了，孩子的奶奶什么都不用管。

　　按理说，这样能干的媳妇，应该很受婆婆的喜爱了。可是，事实并非如此。婆婆虽然表面上不说，甚至在外面说自己的儿媳妇真能干，但是内心里还是觉得疙疙瘩瘩的——哦，你自己这么要强，什么事情都是你自己拿主意，也不跟别人商量商量，就自作主张。尤其是你自己总是霸占着孙子，根本不让我这个老太婆好好与孙子相处，这也太不把我放在眼里了吧？你是一心想当一家之主耀武扬威吧……

　　从这件事上，我们可以看出，作为一个媳妇，能干是一件好事，但是会干才是最重要的。因为能干的媳妇不一定能得到婆婆的认可，只有会干的媳妇才能让婆婆心甘情愿地埋单。在对待孩子的问题上，聪明的媳妇往往会兼顾婆婆的意见，会多让孩子与婆婆相处，多让孩子听婆婆的话。这样一来，不仅可以很好地调动婆婆照顾孩子的积极性，而且还能够促进婆婆与媳妇之间的关系，使之相处起来更加和睦。

婆媳相处有妙招

1. 从内心认可婆婆教育孩子的经验

不管你与婆婆的关系怎么样，不管你多么不理解你的婆婆，或者对婆婆的行为处事多么不屑，你必须承认一点，那就是婆婆用自己大半辈子的经历，总结与沉淀了许多人生经验，其中，不仅包括为人处世的经验，而且也包括教育孩子的经验。所以，聪明的媳妇都会在孩子的问题上，重视婆婆的意见，多让孩子听婆婆的话。

2. 让婆婆作为你与孩子的裁判

当你教育自己的孩子时，孩子很可能会不听，甚至还认为你婆婆妈妈的，成天就知道唠唠叨叨，根本不理解自己。这个时候，你不妨将婆婆找出来，让她作你与孩子的裁判，来判定你与孩子到底谁对谁错。通常来说，奶奶在孩子心目中还是很有权威的，奶奶站出来更容易说服孩子，让孩子乖乖听话。

照片是一宝，一定要用好

　　随着生活水平的不断提高，很多家庭都有了自己的照相机，甚至是摄像机，即便是一个十分普通的智能手机，也都带着不错的照相功能。于是，家中各种各样的照片就多了起来。这个时候，聪明的媳妇就会在照片上做文章，以便营造温馨的家庭氛围，让婆婆感到高兴与满足，大大促进婆媳之间的关系。

　　张某是王家的媳妇，非常喜欢摄影，懂得一点儿摄影技巧，所以家里也配备了配置较高的相机。她总是随时将生活中的点滴都收录到镜头里，使那个美好的瞬间都定格下来。开始的时候，各种各样的照片都存在电脑里，她时不时地制作一个电子相册，让大家欣赏一番。后来，她自己设计并打印出了许多大照片，做出了各种花样的相册，家里家外到处都是家庭各成员的生活照片，简直是照片的海洋。

　　张某的婆婆在外地，平时不怎么来家里。虽然她与婆婆平时也常常通个电话什么的，可是由于走动得比较少，感情上便显得很淡薄，不像别人家那么热乎，但是也没有发生过任何矛盾。因为距离远，很长时间，婆媳俩也见不上一面。

有一次，婆婆要来看孙子，就提前给儿子打了电话，告诉他们说打算过来小住两天。果然，第二天，婆婆就来了。然而，让婆婆意想不到的是，婆婆一进门，就看见迎面的墙壁上居然挂着一幅大大的照片，照片里是婆婆抱着孙子。婆婆慈眉善目，面带微笑，一副心满意足的模样。

那张照片是几年前拍的，那时候是孙子刚出生没几天，婆婆正在哄孙子睡觉。张某的丈夫就拍下了这张照片。婆婆没有想到的是，这张照片居然被儿媳妇放大了，并且挂在家中最显眼的位置。进门的第一眼，就已经让老太太心里热乎乎的，溢满了幸福感。

后来，婆婆每次去看望孙子，都会看到墙上挂着她和孙子的照片，床头上摆着她和孙子的照片，电视里也可以播放她和孙子的视频。这让老太太感觉非常满足，也非常幸福。而且，张某还时不时地将婆婆与孙子的照片寄给婆婆，并且打电话告诉婆婆孙子的近况。所以，婆婆与张某的关系也越来越亲近了……

事例中的张某是一个十分聪明的媳妇，她用孩子与婆婆的照片拉近了自己与婆婆的关系，使婆媳相处得越来越融洽。所以，聪明的媳妇不妨像张某一样在孩子的照片上做一下文章。

婆媳相处有妙招

1. 多挂点孩子与婆婆的照片

我们经常听到"老小孩"这个词，说的就是老人年龄越大越像一个孩子。婆婆自然也是如此。随着年龄的不断增长，婆婆会越来越注意生活的小细节。在这种情况下，你不妨多放大一些孩子和婆婆的生活照片，在家中显眼的地方多挂一些，哪怕是知道婆婆要来而临时挂一点也行。当婆婆看到你会将孩子和她的合影那么郑重其事地挂在显眼位置，她该是怎样的感动呢？

2. 给婆婆寄一些祖孙合照

除了在自己的家中多放一些婆婆与孩子的照片外，媳妇不妨将婆婆与孩子的照片多冲洗一些，并且寄给婆婆，让婆婆在家中也能时常看到。这样一来，每次婆婆看到自己与孙子的照片的时候，就能想到你这个贴心的媳妇。你与婆婆之间的关系自然会更进一步，更加和谐。

婆婆面前教训孩子有讲究

在日常生活中，媳妇难免会因为孩子哪里做得不恰当而对孩子进行批评教育。但是，聪明的媳妇都知道，训斥孩子，特别是当着婆婆的面训斥孩子，是需要上升到一个较高的认识层面的，是不能草率而行的。因为你在婆婆的面前训斥孩子时，面对的不仅仅是自己的孩子，而且还有自己的婆婆。稍有不慎，你很可能就将婆婆得罪了，届时可就得不偿失了。

李某对自己的孩子管教很严格。按理说，对自己的孩子管教得严格一点，是无可厚非的，但是，由于李某训斥孩子不讲求方法，不注重策略，尤其是在自己婆婆面前也毫无顾忌地大声呵斥，随时随地地张口就来，结果在自己没有意识到的情况下，将自己的婆婆给得罪了。

一天，一家人高兴地围在一起吃团圆饭。这时候，孩子手里的筷子开始在菜碟里翻来翻去，将菜弄得乱七八糟，有的还翻到碟子外面，落到桌子上去了。李某很生气，开始用眼睛瞪孩子，毕竟在一起吃饭的还有自己的小叔子、小叔子的媳妇和孩子，她担心的是别人笑话自己的孩子没有教养。

李某瞪着自己的孩子，想让他有所收敛，可是孩子在菜碟里翻得正起劲儿，根本就没有注意到妈妈的眼神，继续肆无忌惮地翻来翻去。李某坐不住了。她将自己的筷子在桌子上使劲戳了两下，引起自己孩子的注意，然后严肃地警告他："你怎么乱翻乱拣？不吃，出去！"孩子果然有所收敛了。

可是婆婆心疼孙子，就说："孩子嘛！没关系，你想吃什么就自己夹吧。"孩子得到奶奶的许可，更加肆无忌惮起来，把盘子翻了个底朝天。做妈妈的实在看不下去了，忽然把筷子又戳了两下，大声呵斥："你不吃就出去！一点教养也没有！"孩子还嘴了，说："奶奶让我这么吃的。"李某气得不行，就大声说了一句："你奶奶叫你把桌子掀了你就把桌子掀了啊？你也太没有教养了！"结果，弄得婆婆下不来台，很没有面子。全家兴高采烈的情绪一下子跌落到了冰点。

由此可见，在婆婆面前训斥孩子，切不可口无遮拦。有时候，你在训斥孩子的时候，很无心的一句话，因为语气或者氛围的关系，站在旁边的婆婆就会"听者有心"了，最终难免会弄出一些误会来。

婆媳相处有妙招

1. 在婆婆面前训斥孩子，不能歇斯底里

因为你的孩子也是婆婆的孙子或者孙女，虽然你训斥孩

子是疼爱他，可过于严厉了，做奶奶的会心疼。你这样做往往会给婆婆留下一个泼辣、凶悍、不好惹的坏印象。所以，在婆婆面前训斥孩子，语气稍加严厉即可，过于苛刻了会适得其反，不但有失自己的风范，还会吓着孩子，并且让婆婆也"怕"了你，会误以为你是故意说话给她听。

2. 在婆婆面前训斥孩子时，不要牵涉别人

因为你正在气头上，话语中随意牵涉人，尤其是婆婆，往往会对婆媳关系造成极大的伤害。比如，你当着婆婆的面训斥孩子"你就随你爸爸！一点教养也没有"，一下子就会得罪了丈夫，说明在你的眼中丈夫也是没有教养的人，同时还得罪了婆婆——你丈夫没有教养那是谁的过错啊？还不是你婆婆的事。所以，训斥孩子尽量避免提及丈夫、婆婆还有公公等亲近的人。

3. 在婆婆面前训斥孩子时，记得将婆婆请出来

聪明的媳妇不会一生气就肆无忌惮地训斥孩子，完全不顾及婆婆的存在。聪明的媳妇会在用稍微严厉的语气训斥孩子后，机智地将这个任务过渡到婆婆那里去——"我是管不了你了，我就让你奶奶管你，一会儿看你奶奶怎么收拾你！"媳妇这么一说，不仅可以顺利地请出婆婆，而且还维持了婆婆的威信，让婆婆感受到媳妇的尊重与重视，从而让婆婆对媳妇"高看一眼"。

小小储钱罐，有着大作用

现今，几乎每家每户都有一个小小的储钱罐。这些储钱罐的造型五花八门，千奇百怪，但基本上都是为自家的孩子准备的，是为了让孩子将平时的零花钱放进去，攒起来。当然了，也有的储钱罐是为了将生活中一个个零散的硬币放进去，集中起来。从客观上来说，储钱罐的作用都是这样的。然而，聪明的媳妇还可以在这小小的储钱罐上做文章，使不起眼的储钱罐成为与婆婆联络感情的最佳媒介。

赵某的女儿很淘气，总是嚷着要零钱买玩具、买零食。为了改变孩子的这种坏习惯，她开始动起了脑筋。慢慢地，她将目光聚集到了木隔断上静静地放着的小储钱罐上。赵某将孩子拉到自己的膝前，平视着她的眼睛，用平静的口吻告诉女儿说："孩子，你已经有很多玩具了，不可以再买了。因为再买玩具，你的玩具箱里就放不下了。另外，也不可以再随便买零食吃了，你照镜子看一看，你的牙齿已经生虫子啦。那都是吃乱七八糟的零食造成的。现在，你能和妈妈一起完成一项任务吗？"

小女孩儿很天真地瞪大了眼睛，问妈妈："什么任务？"

赵某说："你看到了吗？奶奶的牙齿已经掉了，吃东西的时候很费劲。知道为什么吗？那是她小时候乱吃零食把牙齿弄坏了。现在，她非常需要装一副假牙。如果奶奶装上一副好一点儿的假牙的话，吃东西时就不费力了。孩子，你希望奶奶装一副好牙齿吗？到时候你就可以和她比赛看谁吃饭吃得快，好不好？"

孩子的积极性慢慢被调动起来了，她认真地说："希望呀。那快给奶奶装上假牙呀。"赵某就告诉了她给奶奶装一副假牙的方法："现在，我们的任务是将平时的零花钱统统攒到你的存钱罐里，等攒够了钱，就去给奶奶装假牙。你说好不好？你想想，奶奶能够装上你给买的假牙，她该多么高兴呀！"这个创意，立即引起了孩子的极大兴趣。

于是，孩子就将家里犄角旮旯里的零钱，包括纸币还有硬币，统统搜集起来存到储钱罐里。可是找了几天之后，钱还是不多。她着急了，就问妈妈为什么钱还不够。妈妈告诉她，以后需要省吃俭用，不可以随便乱花钱，那样攒钱就快一点了。果然，孩子嚷着要买零食的时候，嚷着要买玩具的时候，只要一提起需要攒钱给奶奶装假牙，她就放弃了乱花钱的想法。

有一天，小女孩悄悄地将这个秘密告诉了奶奶。结果，老太太高兴得眼里布满了泪花。她是被小孩子的举动感动了，也被自己儿媳妇的心意感动了。人都怕感动，人一感动，就会强化对方的好，记住对方的好，也感念对方的好。

从那以后，做媳妇的，当婆婆的，都与小女孩儿一起关注着那个小小的储钱罐，时不时地问一下："里面有多少钱了？离买一副假牙还差多少呀？"

小小的储钱罐，成了大家一起关注的小焦点，里面每增加一元钱，就会给大家带来无尽的欢乐。孩子的储钱罐，不但要储蓄孩子的零花钱，还可以储藏一个秘密，储藏一个创意，储存一个美丽而感人的故事。聪明的你，运用你的智慧，一样可以做得到。

婆媳相处有妙招

1. 重视储钱罐的大作用

在日常生活中，千万不要小看了储钱罐的作用。在聪明媳妇的手中，它不但会帮助孩子慢慢地改掉乱花钱的坏习惯，培养孩子的孝心，增强孩子做事有计划有步骤的能力，而且还可以有效地联络和婆婆的感情，让婆婆心存感激。

2. 注意存钱活动的细节问题

当你和孩子商量好了，要用小小的储钱罐攒下零花钱，去给婆婆买一份礼物时，是否应该告诉婆婆，让婆婆也参与进来，形成一个互动的行动呢？最佳答案是：开始的时候保密，但在适当的时候，才将行动透露出来，告诉婆婆，并且让她参与到活动中来，来一个全家总动员。这样一来，就会显得张弛有度，有悬念，有包袱，整个活动会很圆满。比如，让孩子开始这个行动，可以改掉他乱花钱的习惯，还可以给婆婆一个悬念，一种期待。之后，将包袱抖开，让婆婆参与进来，一起帮助孩子攒钱，可以让婆婆和孩子一起参与家务劳动，比如，将废旧报纸卖掉，换成钱攒起来等。总而言之，聪明的媳妇可以将这个小小储钱罐当成家庭剧的一个道具，为整个家庭制造出无限的快乐，让包括婆婆在内的每一个家庭成员都笑口常开。

让孩子为你"保守"秘密

在现实生活中，有很多和谐融洽的关系，都是需要人们用心去经营的。婆婆与媳妇之间的关系也是如此。如果婆婆与媳妇相处每天都按部就班，平平淡淡，日复一日，年复一年，没有什么波澜，这样的日子虽然安静而祥和，却毕竟太平淡了，似乎缺少了些什么。

王某是一个富有创意的媳妇，她能够将自己的日子与婆媳感情营造得充满激情与浪漫。王某是一个喜欢旅游的人，一旦有空闲时间，她就会和丈夫、孩子进行短程旅游，在较长的假期里，还会来个长途旅行。他们到不同的地方，领略那里的风景名胜，品尝那里的特色小吃，享受着流动的生命中那种悠然自得的感觉。同时，她还和自己的孩子有一个秘密。他们娘俩达成了协议，要将那个秘密一直保守下去。

原来，每到一个地方，王某都会悄悄地买一样当地的特色小礼品或者采一片当地的特色树叶，作为礼物邮寄给远方的婆婆。只是寄件人地址和寄件人都为空。她每次都告诉自己的孩子："这是咱们两个人的秘密好吗？我们谁也不告诉，哪怕是你的爸爸，更不能告诉你的奶奶。你想啊，你奶奶收到各种各样的小礼物，却不知道是谁给她寄来的，该是多么惊喜啊！"

果然，孩子替她保守了这个秘密。有很多次，老太太猜测出是他们娘俩"搞的鬼"，她就问自己的儿媳妇："那些礼物，是不是你给寄来的呀？"儿媳妇一脸惊讶地说："什么礼物啊？我不知道啊！"老太太又私下里问自己的孙子，孙子也一本正经地说："什么礼物啊？奶奶，你说什么呀？我怎么不知道呢？"

其实，老太太早已经从信封的邮戳上看出了端倪。虽然那信封上没有写寄件人的地址和姓名，可从邮戳上可以看到是从哪里寄来的，并且，她知道自己的儿媳妇一家曾经去过那里旅游。于是，这就算是一个公开的秘密了，大家都心照不宣，只是从中感受着那种幸福与快乐。王某让自己的孩子一起保守着这么一个公开的秘密，将一家人紧密地联系在一起，营造出了数不清的快乐与幸福。

婆媳相处有妙招

1. 花时间制造一些小秘密

在婆婆与媳妇相处的过程中，若日子太单调就会显得有些乏味。聪明的媳妇会愿意腾出一些时间，利用自己的创意，营造出一些小浪漫，制造一些小秘密，并且让孩子帮着"保守"秘密。比如，媳妇与孩子一起为婆婆准备一些小礼物等。

2. 即便秘密已经公开，行动依然可以继续

媳妇为婆婆所制造的小秘密，其真正的用意不在避免婆婆知道，而是想让婆婆感受到温暖，得到快乐。所以，当媳妇与孩子一起"保守"的小秘密被婆婆识破后，也不需要介意什么，媳妇与孩子完全可以揣着明白装糊涂，继续保持之前的行动。这不会影响婆婆的心情，只会持续令婆婆感动。

不好意思认错，让孩子来帮忙

常言道："清官难断家务事。"自古以来，婆媳之间的关系都很难说清楚，而且最容易出现问题。如果婆婆与媳妇之间发生冲突，媳妇又不好意思认错，可以请孩子来帮忙。这样可以很好地调节婆媳之间的关系，促使矛盾快速地化解，让家庭的氛围再次和谐起来。

每当和婆婆发生了小矛盾或者不愉快的时候，孙某就会巧妙地让自己的孩子担任小信使，让孩子向奶奶传达她的歉意。当然，孙某的聪明主要体现在她明白一个道理：说别人的不是，批评别人，当着面说，是光明正大，背后偷偷摸摸说，用毁谤的方式，就不够光明正大了。

每个人都有缺点，都会做错事，但都要彼此尊重，这样才能相处愉快。孩子也需要学习这些。别人做错事，当面跟他说，是帮他改正，背后说，则没了这个作用。经常在孩子面前说别人的坏话，久而久之，孩子会认为那个人不好，这会影响到孩子日后为人处世的方式，对他将来与人相处也没什么好处。

所以，孙某在孩子面前从来不讲婆婆的坏话，也从不想借着孩子说打击婆婆的话，相反的是，即使她和婆婆闹了矛盾，心里有气，也会在自己孩子的面前说婆婆的好，说自己对婆婆的尊重，多做自我批评，并且在孩子面前表现出对婆婆的谅解或者是认错的态度。

而且，当自己不好意思去婆婆面前认错时，就让孩子作为小信使帮忙转达。当婆婆看到可爱的孩子帮媳妇道歉时，心中的怨气一下子就会消了。于是，婆婆与媳妇之间的矛盾也会随之解除，婆媳关系会再次恢复如初。

孙某的做法，有两方面的好处。第一个好处是，孩子会将妈妈的表现传达给奶奶。那么，奶奶从孩子那里得到的信息，并不是媳妇对自己的谩骂、不满或者仇恨，而是谅解、夸赞以及悔恨等，她的心里就会有强烈的触动。第二个好处是，孩子从这个做小小信使的过程中学会了为人处世的态度和方法。

婆媳相处有妙招

1. 不要在孩子面前说婆婆的坏话

媳妇要记住，不要在孩子面前说婆婆的坏话，要多理解婆婆，赞美婆婆。这样一来，孩子帮你传达给婆婆的信息必定都是正面的，会让老人家觉得温馨受用。

2. 用反作用力的方法督促孩子去传达

我们都知道，当我们不让孩子做某件事情的时候，孩子反而迫不及待地去做某件事情。所以，我们可以利用孩子的这一心态，用反作用力的方法督促孩子去传达信息。比如，你打算为自己婆婆的生日准备一份特别的礼物，不但在超市里选来选去，还在网上找来找去，不妨让孩子适当参与一下选购的过程，但是，你要告诉孩子："嘘！这件事情可不能让奶奶知道！"结果，根据孩子的天性，他必定会迫不及待地告诉奶奶："妈妈准备给你一件礼物，她跑了好多超市，还在网上找呢。"那么，这份礼物的分量和意义就会大大增加。你的婆婆所得到的快乐，也就远远超出了那份礼物本身。

3. 让孩子清楚而巧妙地帮你传达信息

当你想要让孩子帮你将某种信息传达给婆婆的时候，一定要注意交代任务的方法与方式。因为孩子的年龄还很小，不懂得婉转行事，通常会将你交代的事情原封不动地传达给婆婆。所以，媳妇要谨防交代不清楚，也要注意分寸，不能太过直接，否则，老太太不是没弄懂，还有可能发怒。

让孩子知道"奶奶真棒"

通常来说，孩子不仅是家里人的宝贝，而且也是婆婆与媳妇相处的一个小信使，在很大程度上影响着婆婆与媳妇之间的关系。如果媳妇能将孩子这个小信使用好，比如，让孩子"恋"上婆婆，就有助于维系家庭的和睦。当然了，要想实现这一目标，还需要媳妇多动一番脑筋。

在让孩子"恋"上婆婆的事情上，文娟做得非常棒。平时，她总是在孩子面前说起自己的婆婆，也就是孩子的奶奶。说起她的时候，除了说奶奶怎样照顾她们，怎么疼爱她们，怎么想念她们之外，她还特意说一说婆婆的长处。

文娟的婆婆是一个很会讲故事的人，文娟就跟孩子三番五次地讲："你奶奶呀，特别会讲故事。你爸爸就是从小听你奶奶讲故事长大的。附近很多人都喜欢听你奶奶讲故事呢。她讲的故事特别精彩，比爸爸妈妈给你订阅的画报还要好呢。"

由于文娟在自己孩子面前经常这么说，加上孩子也听过几次奶奶讲的故事，这就很好地激起了她听奶奶讲故事的欲望。于是，一到放学了，或者放假了，孩子就会嚷着去请奶奶讲故事。孩子听了奶奶的故事，也去学校里给老师和同学们讲。于是，孩子就越来越依恋自己的奶奶了。

有时候，晚上临睡之前，文娟还要给婆婆打个电话，说："妈，您孙女睡不着啦。嚷嚷着要您给她讲故事。您到底是有什么魔力呀？竟然让她那么着迷？"婆婆就在满心欢喜的情况下，在电话里给孙女讲起了故事……

无疑，文娟是非常聪明的。这样的做法，既让孩子学到了知识，也加深了祖孙感情，更重要的是从侧面融洽了婆媳关系。

婆媳相处有妙招

1. 多挖掘婆婆的专长

作为一名聪明的媳妇，你不妨多发掘一下自己婆婆的优点、长处或者专长，多对孩子讲一讲，多让孩子见识见识，让孩子对奶奶的高超本领产生依恋，产生浓厚的兴趣，让孩子多亲近奶奶。孩子与奶奶亲近多了，关系自然就会非常好，继而，媳妇与婆婆之间也会随之变得更亲近了。

2. 夸奖婆婆要有"度"

诚然，多挖掘婆婆的专长是有很多好处的，但是，聪明的媳妇都知道，在儿子面前极力夸赞婆婆的时候，还要注意一个"度"，千万不要将婆婆美化过度，更不能将婆婆神化了。因为纵然自己的婆婆再优秀，再厉害，她也是一个普通人，也存在一定的局限性与缺点，所以还是要客观一些比较好。如果你在孩子面前，将婆婆说得太好了，孩子对奶奶就会产生过高的期望。一旦奶奶满足不了孩子那高得过分的期望，那么孩子必然会产生极大的失落感，不仅不会"恋"上婆婆，甚至还很可能引发让婆婆难为情的事情。

多让孩子跟着婆婆睡

　　如果媳妇需要上班，没有时间照顾孩子，而婆婆来家里帮忙照看孩子，婆婆忙前忙后，一天到晚为孩子操劳，媳妇必然会对婆婆感激万分。但是，媳妇要注意，这种感激不要仅仅局限于口头上，一天到晚跟婆婆说无数个谢谢，这反而会让婆婆觉得非常生分，觉得你没有将她当成一家人。那么媳妇用什么样的方式感谢婆婆最合适呢？聪明的媳妇可能会做出这样一个决定：多让孩子跟着婆婆睡。

　　黄某是马家的媳妇，与丈夫结婚一年后，生了一个可爱的儿子。自从生了儿子之后，黄某一直在家做专职妈妈，直到孩子2岁的时候，黄某才再次出去上班。但是，这样一来，她就没有时间照顾儿子了。于是，黄某与丈夫经过商量之后，就将婆婆接了过来，让婆婆帮着照看孩子。

　　因为各种原因，黄某很少回去看婆婆，所以黄某与婆婆的关系并不亲密，可以说是冷冷淡淡的。不过，婆婆倒是十分疼爱孩子。

　　有一天，黄某对婆婆说："妈，明天我需要早起出去办事，今天晚上就让宝宝跟您睡，可以吗？"婆婆非常爽快地答应了。最重要的是，黄某下班回家后发现，婆婆脸上的笑容多了，晚上吃饭的时候居然非常亲近地与黄某拉起了家常。

对于婆婆的亲近，黄某自然是高兴的，经过认真分析后，黄某得知了其中的原因。从此之后，黄某总是时不时让孩子跟着婆婆睡。就这样，黄某与婆婆的关系变得越来越好了。

在婆婆的眼中，孩子也是她心中的珍宝。从某种意义上讲，她的日夜操劳，还不是为了自己的孙子或者是孙女？由于成天地忙碌，打扫卫生，做饭，洗衣服，即使接送孙辈上幼儿园，顶多也只会牵着手一起走走，抱在怀里亲一亲，可是，那样的亲昵还不足以满足婆婆内心的情感需求。

假如你大方地做出决定，偶尔让孩子去跟婆婆睡一个被窝，那实在是合了老太太的心愿，她会喜不自禁的。多年前，她搂着自己的儿子睡在一个被窝里，如今可以有机会搂着儿子的孩子睡在一个被窝里，那是多么美妙的事情！婆婆会在搂着孙子或者孙女睡觉的时候，嗅着那小小生命的气息，回忆起当年儿子的情形，从中享受着生命延续的喜悦，所有的劳累，甚至是不满，在那一刻都会化为乌有。她会从内心里感激你这当媳妇的，大方地做出这样的决定。所以，聪明的媳妇，不妨也偶尔让你的婆婆搂着你的孩子睡一个被窝吧。

婆媳相处有妙招

1. 多给婆婆一些信任

既然你决定让孩子今晚跟婆婆睡了，就不要表现出恋恋不舍或者这不放心那也不放心的样子，切不可嘱咐婆婆："妈，孩子小，您搂着他睡可要警醒点啊，千万不能压着他。"切不可不厌其烦地念叨："妈，夜里他不老实的时候，有可能是要撒尿了。还有，别盖得太厚了，太厚了容易热着。对了，还有……"

你的这种嘱咐会让老太太觉得不可思议。作为奶奶，她会不心疼自己的孙子或孙女吗？她会不懂得孩子的种种表现吗？既然让孩子去跟婆婆睡，就要大方一点，信任一点，只有这样，才能更好地让婆婆享受到天伦之乐，真正地感受你的好，从而促进婆媳之间的关系。

2. 孩子发生意外，媳妇冷静对待

如果孩子在跟婆婆睡时发生了什么意外，比如，发烧生病了，不小心从床上摔下来了等，作为媳妇的你，一定要冷静，不要冲动地向婆婆发脾气，也不要埋怨婆婆。毕竟出现这样的事情，婆婆心中也不好受。聪明的媳妇会冷静下来，先将孩子照顾好，然后淡然地处理这件事情。

参考书目

［1］薛兆平．好婆媳相处的 66 个妙招［M］．贵阳：贵州人民出版社，2012

［2］王瑶瑶．婆媳关系心理学：100 个心理小战术，教你搞定婆媳关系［M］．北京：东方出版社，2013

［3］李贝林．婆婆有话讲，媳妇有话说［M］．广州：广东旅游出版社，2013

［4］李金河．婆媳相处之道［M］．北京：中国三峡出版社，2006

［5］周云芳．怎样处理好婆媳关系［M］．北京：中国社会出版社，2005

［6］青妍．婆媳关系：家有两虎［M］．北京：凤凰出版社，2010

［7］仇若涵．婆媳拼图［M］．北京：中国画报出版社，2009

［8］五瓣花．婆媳的美好关系［M］．北京：清华大学出版社，2013

［9］郑沄.谁来拯救这最难缠的关系：婆媳［M］.北京：中国经济出版社，2009

［10］汪雪英.同在屋檐下：婆媳关系［M］.北京：中国社会出版社，2008

［11］杨玉萍.婆媳过招三十六计［M］.北京：朝华出版社，2012

［12］王丽萍.双城生活［M］.武汉：长江文艺出版社，2011

［13］小丑鱼.婆媳一间房［M］.北京：现代出版社，2013

［14］稻花香香.冤家婆媳［M］.沈阳：沈阳出版社，2010

［15］凌霄遥.婆媳一家欢［M］.北京：朝华出版社，2010

［16］余姗姗.新婆媳战争［M］.南京：江苏文艺出版社，2010

［17］不省油的灯.婆媳对对碰［M］.北京：中国妇女出版社，2008

［18］添水.麻辣新婆媳［M］.南京：江苏文艺出版社，2012

［19］吴娟瑜.不必当母女，当好婆媳就好［M］.北京：北京联合出版公司，2013

［20］围城小新.婆婆，请把幸福还给我［M］.北京：中国画报出版社，2009